颜景军　主编

智慧协同育人

ZHIHUI XIETONG YUREN

山东科学技术出版社
·济南·

图书在版编目（CIP）数据

智慧协同育人 / 颜景军主编. -- 济南：山东科学技术出版社, 2025.6. -- ISBN 978-7-5723-2795-7

Ⅰ.G625.1

中国国家版本馆 CIP 数据核字第 2025VG1342 号

智慧协同育人
ZHIHUI XIETONG YUREN

责任编辑：孙雅臻
装帧设计：孙　佳

主管单位：山东出版传媒股份有限公司
出 版 者：山东科学技术出版社
　　　　　地址：济南市市中区舜耕路517号
　　　　　邮编：250003　电话：(0531) 82098088
　　　　　网址：www.lkj.com.cn
　　　　　电子邮件：sdkj@sdcbcm.com
发 行 者：山东科学技术出版社
　　　　　地址：济南市市中区舜耕路517号
　　　　　邮编：250003　电话：(0531) 82098067
印 刷 者：济南普林达印务有限公司
　　　　　地址：山东省济南市市中区二环西路12340号西车间
　　　　　邮编：250001　电话：(0531) 82904672

规格：16 开（170 mm × 240 mm）
印张：15.5　字数：265 千
版次：2025 年 6 月第 1 版　印次：2025 年 6 月第 1 次印刷
定价：45.00 元

编委会

主 编 颜景军

编 委 于晓梅 邱 慧 徐鸿鹏 宫丽丽
      孔庆龙 孔 振 刘 文 蒋梅霞
      孔 欣 滕 腾 孔 菁 苏庆洋
      郭彦彦

序

用智慧搭建协同育人的桥梁

面对日益复杂的社会环境与教育改革的时代呼唤,小学教育作为育人基石,亟待构建家校社协同的立体化教育生态。山东省齐鲁名班主任颜景军老师带领她的团队成员,基于家校社一体化的时代背景,积极探寻智慧协同育人的实施路径,以促进班主任协同育人能力的提升,提高育人质量。《智慧协同育人》一书应势而生,该书聚焦小学班主任在一体化育人格局中的关键角色,以理论与实践交织的笔触,为新时代协同育人探索出既有理论深度又富情感温度的可行路径。全书由六个章节构成:

第一章"聚力赋能:解锁协同育人密码"如教育显微镜,深入透析班主任协同育人的肌理,解锁协同育人密码:既直面家校沟通断层、缺乏教育温度等现实痛点,又开出又开出家校共育的新路径,信息化平台搭建、社会资源活化等精准药方。字里行间,班主任作为教育纽带的独特价值清晰可辨——他们既是家校理念对话的翻译官,也是社教资源整合的设计师,更是多方共识凝聚的粘合剂。

第二章"微光成炬:协同育人暖心叙事"中,班主任积极与家庭沟通育人暖心故事,改变了家长育儿的观念,这是最动人的教育回响。家长从"批评式教育"到"鼓励型沟通"的转变,那些亲子阅读中滋生的心灵默契,让我们看见协同育人如何悄然重塑着亲子关系和家庭生态。那主任那些带着爱心倾注的协同育人故事,恰是教育理论落地生根的鲜活注脚。

第四章"班会聚智：共绘协同育人同心圆"，以主题班会为育人微场景，将"感恩""美德""责任""家风"等主题以生动的实践案例加以呈现：趣味故事串联认知建构，小组讨论激活思维碰撞，角色扮演催生情感共鸣，更巧妙融入家长寄语、微视频鼓励等跨界元素，将教育从课堂延伸至家庭，使目标意识、责任担当在多方互动中悄然扎根。这种创新设计不仅打破传统班会的空间局限，更勾勒出协同育人的微观范例。

第六章"智联活动：开创健康成长进阶路"，创新活动设计，堪称协同育人的实景剧本：端午文化沉浸式体验，让学生感受传统文化的无穷魅力；爱心义卖的善举使稚子之心触摸社会温度。当家长从教育旁观者变为实践参与者，当社区从成长背景板化作育人主舞台，教育的边界被温柔打破，成长的养分在多维流动中丰润。

于教育而言，本书为班主任提供了协同育人的方法论工具箱，让信息壁垒在技术赋能中消解，让教育合力在机制创新中凝聚，为基础教育改革提供了可操作的实践范本。

对家庭而言，它是科学育儿的启示录，引导家长在角色重构中成为教育合伙人。

于社会而言，书中描绘的育人图景，正是培育有温度公民的摇篮工程——当孩子在志愿服务中学会俯身倾听，在多方协作中懂得责任共担，未来社会的文明厚度已在当下悄然奠基。

教育是一场温暖的遇见，是家庭的期待、学校的坚守与社会的守望在时光里的同频共振。《智慧协同育人》恰似一块温润的铺路石，既承载着对教育本真的探寻，也铺展着多方协同育人的未来图景。愿每位捧起此书的教育者、家长与社会参与者，都能从中汲取力量，在孩子成长的麦田里，共同播撒希望，守望花开。

2025 年 4 月

目录

第一章
001 聚力赋能：解锁协同育人密码

第一节 点亮家长心中教育的明灯 …………………………… 002
第二节 "双减"背景下，探索家校共育的实施新路径………… 009
第三节 家校共育让教育更有温度 …………………………… 015
第四节 化"错"为"措" ……………………………………… 018
第五节 特别的爱给特别的你 ………………………………… 022
第六节 浅谈如何形成优秀的班集体 ………………………… 025
第七节 沟通艺术在小学班主任管理工作中的应用研究 …… 031
第八节 不让爱远离 …………………………………………… 034
第九节 "双减"背景下家校共育模式探究 ………………… 037
第十节 优化阅读教学，提升育人效果 ……………………… 043

第二章
049 微光成炬：协同育人暖心叙事

第一节 请说出你的秘密 ……………………………………… 050
第二节 彩虹总在风雨后 ……………………………………… 053

第三节	心之所向，皆是美好	055
第四节	始终不忘自己曾经是个孩子	059
第五节	相信"相信"的力量	064
第六节	爱心点亮孩子成长的明灯	066
第七节	做一个擦亮星星的人	070
第八节	以优带困，共绘成长画卷	075
第九节	烟卡之悟，成长之路	080
第十节	用爱滋养孩子的心灵	083
第十一节	坚守初心，守望未来	086
第十二节	用爱心与耐心浇灌成长之花	091

第三章
携手带班：凝聚合力培育新苗

095

第一节	爱在左，责任在右	096
第二节	爱我所爱，无怨无悔	101
第三节	我们班的家文化	106
第四节	家校合力，育梦未来	111
第五节	耕耘成长，自强不息	115
第六节	润德于心，"儒雅"畅行	121
第七节	做独一无二的自己	124
第八节	静待花开	128
第九节	以爱为舟，驶向成长彼岸	133
第十节	带班育人方略	138
第十一节	以"育人"为核心的三维实践路径	141
第十二节	用爱浇灌，静待花开	146

第四章
班会聚智：共绘协同育人同心圆

153

- 第一节　点亮心灯，感恩同行 …………………………………… 154
- 第二节　我是小小护旗手 ………………………………………… 156
- 第三节　读《论语》践美德 ……………………………………… 158
- 第四节　那些藏在岁月里的守护 ………………………………… 164
- 第五节　学会担当，责任在肩 …………………………………… 167
- 第六节　好家风伴我成长 ………………………………………… 171
- 第七节　守护文化安全，凝聚兴国之魂 ………………………… 176

第五章
携手同行：筑梦儿童成长新蓝图

181

- 第一节　创意活动让孩子幸福成长 ……………………………… 182
- 第二节　心守一抹暖阳，静待一树花开 ………………………… 184
- 第三节　好习惯成就好人生 ……………………………………… 186
- 第四节　用心陪伴，让爱与成长同行 …………………………… 191
- 第五节　父母要学会跟孩子好好说话 …………………………… 193
- 第六节　做陪伴型家长，为孩子成长助力 ……………………… 195
- 第七节　做好自己，润泽孩子 …………………………………… 197
- 第八节　赋能·陪伴·成长 ……………………………………… 199
- 第九节　父母好好说话，孩子天天向上 ………………………… 201
- 第十节　注重沟通交流方式，助力孩子健康成长 ……………… 203
- 第十一节　陪伴成长，共筑未来 ………………………………… 205

第六章
智联活动：开创健康成长进阶路

第一节　触摸法律温度：一场身临其境的法治之旅 …… 208

第二节　粽香里的家国印记：端午文化沉浸式体验之旅 …… 209

第三节　小小少年砺红心，国防筑梦启征程 …… 211

第四节　探寻净水奥秘，守护生态文明 …… 212

第五节　家校携手前行，助力习惯养成 …… 214

第六节　踏寻先贤足迹，传习传统美德 …… 216

第七节　探秘电流密码，点亮节能未来 …… 218

第八节　安全知识进课堂，家校同心护朝阳 …… 219

第九节　家访架起美好遇见的桥梁 …… 221

第十节　阅读点亮人生，携手筑梦未来 …… 222

第十一节　戏曲进校园，国粹共传承 …… 223

第十二节　爱心义卖传温暖，校园善举汇力量 …… 225

第十三节　三孔研学之旅，传承千年文化 …… 227

第十四节　热血国防行，演练促成长 …… 228

第十五节　祭奠革命英烈，传承红色精神 …… 230

第十六节　探秘标本馆，点燃科学梦 …… 231

参考文献 …… 234

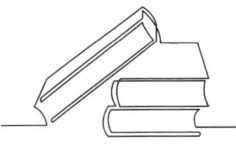

第一章
聚力赋能：解锁协同育人密码

······

第一节　点亮家长心中教育的明灯

当前,有些家长在不知不觉中延续了父母当年的粗放型教育方法,还有不少家长的教育方法与正确的家庭教育方法背道而驰,造成了不良的教育后果。因此,家校共育就显得尤为重要。班主任作为家校共育的关键人,要切实与家长进行有效沟通,引起家长对家庭教育的重视,引导家长积极与班主任进行全力配合,采取行之有效的教育方法,为学生的长足发展奠定基础。

一、尊重是家校沟通的前提

班主任尊重家长是进行家校沟通的前提。班主任最熟悉学生,而学生是家校沟通的纽带。班主任与家长沟通学校工作能够有效促进家长对学校的了解,同时,家长对学校满意与否,班主任起着不容忽视的作用。为了确保有效的家校沟通,班主任需要将尊重家长放在首位,这样家长更能敞开心扉,愿意与班主任交流孩子的情况,从而确保班主任更加清楚孩子在家的表现,家长也能更加了解孩子在校的表现,最终形成教育合力,有针对性地促进学生的成长,取得最佳的教育效果。

例如,笔者所带班级里的一位学生最近总是闷闷不乐,上课也显得无精打采。经过与该学生的耐心交流,笔者了解到该生的父亲生病住院了,母亲则因工作繁忙、在医院照顾孩子父亲导致每天回家都很晚,无暇顾及孩子。学生总是一个人在家,长期沉迷于手机游戏,以至于第二天在课堂上昏昏欲睡。在了解到该情况后,笔者积极与学生的母亲取得联系,请其重视对孩子的陪伴和教育。对此,学生的母亲不但不理解老师的做法,反而认为老师多管闲事。但笔者并没有灰心,想到学生的母亲也有自己的难处,便抱着尊重家长的态度,又通过多次面谈、电话联系、网络沟通等方式与学生的母亲进行推心置腹的交流。最终,该生的母亲终于体会到笔者的良苦用心,转变了观念,积极配合学校关注并教育孩子。在学校,笔者经常与学生谈心,利用一切机会鼓励学生,并坚持每天耐心辅导学生做作业。在笔者的帮助和教育下,这位学生也发生了可喜的变化,并在毕业典礼上含泪说道:"我一直都是不被老师喜欢的学生,可是颜老师却不一样,她是最疼爱我的老师,我真诚地感谢她,将来也要做一名像她一样的好老师!"

总之,班主任一定要发自内心地尊重家长,这样才能设身处地为家长着想,更真诚地理解家长。尤其是在遇到不理解我们的家长时,班主任更要本着尊重的态度,礼貌地对待家长,推心置腹地提出建议,切忌直接批评或否定家长,避免产生矛盾,要让家长体谅到班主任的良苦用心,从而积极配合班主任进行有效教育。

二、包容是家校沟通的密钥

班主任对家长的包容是有效沟通的密钥。班主任在与家长沟通时经常会遇到不理解班主任做法,甚至对班主任工作抱有成见的家长。对此,班主任首先要包容家长,并静下心来思考与家长沟通的恰当方法,让家长感受到班主任的真心,最终达成教育共识。

例如,笔者班级里有一位比较强势的家长,往往从自身利益出发考虑问题。自己的孩子在校打了其他同学,家长却拒绝听取班主任反馈的真实情况,只听孩子的一面之词,强词夺理,甚至在微信家长群里找其他家长理论,一味地偏袒自己的孩子。对此,笔者多次与其沟通,她不但不领情,反而认为老师对自己的孩子有偏见,总是强调孩子在家表现得非常好,不存在老师反映的问题,双方的沟通一度陷入困境。面对这样的家长,笔者并没有弃之不顾,而是抱着包容心态谅解其过激的做法,并想办法进行有效沟通。笔者认为,只有让这位家长充分了解孩子在校的真实情况,才能改变她对班主任和学校的成见,从而明白班主任是真正关心孩子的。于是,笔者将该生在校的各种不良表现通过拍照、录视频的方式反馈给了家长,家长看后顿时无话可说,但仍未认识到孩子身上存在问题的严重性。接着,笔者心平气和地说道:"孩子妈妈,首先你要明白我将孩子的表现记录下来并不是让您难堪,也不是说孩子不可救药,而是希望您能够重视孩子身上的问题,并帮助您分析产生这些问题的原因,从而共同寻找解决问题的办法,让孩子尽快适应学校的生活,能够在学校愉快地学习本领。老师们绝不会对孩子有任何偏见。"看到孩子妈妈的表情有所放松,笔者继续耐心地说道:"您在家中见到的孩子的表现,可能已经习以为常了。但老师需要将学生放到班级中来看待,他们升入小学后需要学习并严格遵守《中小学生守则》,从而逐步养成良好的学习习惯。您仔细想一想,老师如果在学生出现问题后不告知家长,只是向家长传达孩子表现良好的一面,那么他怎么能改掉坏习惯呢?我们指出孩子身上出现的问题,并不是说孩子不好,只是告知家长他存在一些不良的习惯。在班主任眼中每个学生都是好孩子,他们在成长的过程中也都会有这样那样的问题,帮助他们改正错误提升自己是身为老师的责任和义务。如果我们发现学生存在问题却熟视无睹、不闻不问,您认为这样真的是对孩子好吗?"听了笔者的话,孩子妈妈不好意思地说:"老师,我认识到问题了,之前我一直以为所有孩子都存在这样的问题。您说吧,今后需要我怎么做?我一定配合您!"见到家长终于能够正视自己孩子的问题,也有配合老师进行教育的意愿,笔者紧接着进一步与家长交流改正学生不良行为习惯的策略。对此,家长一一记在心里,并与笔者配合进行有针对性的教育。之后,这位学生渐渐地发生了变化,虽然在改变的过程中他还是出现了反复的现象,但是,家长始终能够与教师站在一起。在我们的共同努力下,该生逐渐改掉了打架、骂人的坏习惯,上课也越来越认真了,其他任课老师都反映"这孩子的变化可真大呀!"

看来,班主任对固执的家长的包容真是家校沟通的密钥。

三、帮助是家校沟通的良策

家长都希望自己的孩子身体健康、乐观向上、成绩优异,但是,有些孩子的表现往往事与愿违。对此,很多家长几乎放弃了对孩子的管理。针对这样的情况,班主任要及时了解家长的难处,尤其是面对学困生的家长,班主任要尽可能地为他们提供力所能及的帮助。相信家长一定会心存感激，并乐意与班主任进行积极的交流，从而帮助学生取得更大的进步。

有些学生因长期沉迷于手机游戏而对学习逐渐失去兴趣，他们在家几乎不做家庭作业。对于管理这样的孩子，家长在教育上颇为费心，但是收效甚微。笔者从这部分家长的言谈举止中能够深刻感受到他们的无奈，有些家长甚至失去了耐心，干脆对孩子不闻不问。笔者班中小李的家长就是这样，这时就需要班主任提供真诚的帮助。于是，笔者劝导小李家长："孩子现在还小，他们的可塑性非常强，我们要积极想办法改变孩子，只要认真想办法，真正关心孩子，相信总会有改善的。再说，孩子目前的情况，作为家长，我们要认识到自己的责任，要反思自己的问题，有没有真正关心孩子、引导孩子……"听了笔者的话，李某的家长反思道："是的，我们作为家长的确负有不可推卸的责任，早些时候总是忙于工作，孩子看手机我们还觉得省心，现在，孩子玩游戏入迷，我们又缺乏耐心教育。"于是，笔者鼓励家长不要灰心："现在对孩子进行教育也不晚，首先，我们要改变对待孩子的态度，让孩子感受到家长真正的关爱。其次，我们要给孩子设定玩手机游戏的时间。接着，我们还要帮助孩子制订学习计划，多带孩子参加运动，尤其是要充分利用与孩子共同学习的宝贵时间，监督孩子养成良好的学习习惯，相信孩子会逐步改变的。"家长在笔者的帮助下重燃了希望，改变了教育方式，并与班主任形成合力，逐渐帮助孩子改掉沉迷于手机游戏的坏习惯。渐渐地，学生小李不仅身体越来越健康，性格变得乐观开朗起来，学习成绩也稳步提升。

之后，在李某升入中学后，家长还经常通过电话、微信等与笔者联系，交流孩子的近况。

四、及时是家校沟通的法宝

班主任及时向家长反馈学生的在校情况是家校沟通的法宝。班主任的日常工作千头万绪，既要忙教学，又要忙班级事务管理，一部分班主任会因此认为与家长沟通是在浪费时间。事实则恰恰相反，班主任如果能够积极与家长进行有效沟通，会令许多工作事半功倍，也能及时消除班主任与家长之间的许多误会，促进家校共育，何乐而不为呢？

例如，有一年，笔者新接手一个班级，完成几节课的教学后，笔者发现坐在倒数第二排的一位个子不高的男生小明在上课时总是随便说话。笔者很好奇地问大家："小明个子不高呀，怎么座位这么靠后？"学生们答道："他原来坐在前面，可是他上课总是说话，所以老师就把他排在了后边。"看来，座位的调整并不是改变学生上课随便说话的好方法，要真正改变他上课随便说话的坏习惯得另想办法。于是笔者先将学生按照身高调整好座位，并鼓励小明上课认真听讲，在笔者的关注下，他上课随便说话的坏习惯改善了不少。

后来，笔者又与小明的家长取得联系，争取家长的配合，从而让孩子变得更好。但笔者刚向家长反映小明上课随便说话的问题，家长就抢先说道："老师，我知道情况，孩子回家后给我说了，因为他上课随便说话，你把他调到前边去了。"听了家长的话，笔者意识到小明有意曲解老师的用意，笔者的本意是关心孩子，并不是惩罚孩子。为了消除家长的误会，笔者耐心地给家长解释了给孩子调位的初衷。家长在听了笔者的用意后，顿时高兴地说："孩子跟我说，因为他上课随便说话才给他调到前面去的。我还以为是惩罚他呢，看来孩子没理解老师的做法。"笔者耐心解释道："孩子上课随便说话是习惯养成的问题，我们得配合起来想办法帮助孩子改掉这个坏习惯，相信孩子会改变的。"家长听了笔者的话更放心了，并爽快地说："老师，你说吧，我该怎么做，我绝对配合老师，太感谢您了。"

接下来，我们共同商讨了纠正小明上课随便说话的方法，家长表示会大力支持。笔者在学校经常找小明谈心，运用正面激励的方法，引导他改掉上课随便说话的坏习惯。家长则从孩子在家写作业的专注方面进行纠正，要求他不能像以前一样边写作业边说话。从坚持10分钟到坚持20分钟，慢慢地，小明发生了可喜的变化。

试想，如果笔者没有及时与家长沟通，家长势必会对笔者的做法一直有误会，这将会直接影响学生的成长。可见，教师及时与家长沟通，能让家长了解班主任的真实想法，消除不必要的误会，能更有效地促进家校沟通。

五、关爱是家校沟通的桥梁

班主任发自内心地关爱学生是家校沟通的桥梁。无论班主任采取什么形式与家长进行沟通，最终目的只有一个，就是帮助学生健康、快乐地成长，这一点与家长的目的高度一致。基于此，班主任在平时的班级管理工作中要采用"广观察，细关爱"相结合的教育管理策略，真诚接纳、关爱每个学生，架起家校沟通的桥梁，真正唤醒家长的责任自觉，形成合力，实现家校共育。

某一天，笔者在批改学生日记时，发现班中的一位学生在日记中流露出轻生的念头，于是马上悄悄地把该生叫到办公室了解情况。经过耐心询问，笔者了解到这位学生是因为妈妈经常责备自己且特别偏袒妹妹而产生低落情绪。对此，笔者先是耐心安抚学生，缓解学生的焦虑情绪。接着，又迅速进行家访，积极与家长沟通学生的情况，起初家长对此不以为然，他们认为老师是多此一举，并要求老师不用理会孩子，他们认为孩子就是小心眼、使性子，没大事。看来，这位学生的家长在对待孩子的态度上的确存在问题。笔者便苦口婆心地奉劝家长："请您一定要引起重视，您所认为的一些小事，在孩子的心目中可能就是大事。现在，我们发现了孩子在心理方面的一些问题，不正是我们改变教育方法、促进孩子身心健康成长的良机吗？"家长对于笔者的话有所触动。笔者接着说："我们平时要多关注孩子的心理，跟孩子说话时要考虑孩子的感受……"经过耐心沟通，家长终于认识到自身的问题，孩子的妈妈拉着笔者的手说："多谢老师，您真是比我们还关心孩子。"就这样，学生的家长渐渐改变了做法，笔者在校也更加关爱这位学生，经常引导孩子有什么想法可以和家长好好交流，也可以找老师倾诉。渐渐地，学生变得开朗了，后来还考上了理想的大学，孩子的妈妈还带着孩子专程到办公室表达感激之情。

笔者始终关心爱护着每一位学生。家长在充分感受到班主任对孩子的关心后，也经常主动与笔者交流，分享孩子在成长过程中的酸甜苦辣。可见，班主任与家长的沟通虽然有时好像隔着沟壑，但是，只要我们真正关爱孩子，就会架起家校沟通的桥梁，取得家长的积极配合，促进学生健康发展。

学生是祖国的未来，是民族的希望。在当前家校合作的大背景下，班主任一定要积极与家长沟通，点亮家长心中教育的明灯，形成合力，为祖国育人才，共创孩子光明、美好的未来！

第二节 "双减"背景下,探索家校共育的实施新路径

随着教育改革的不断深入,"双减"政策的实施促使学校思考提升小学教育教学质量的有效措施。小学教育是义务教育的第一阶段,学生由此开启正式的学习之路,作业压力和课外培训机构的乱象导致学生的学习负担太重,致使很多问题逐渐暴露。学生需要健康快乐地生活和学习,"双减"政策随之产生。本节内容就"双减"背景下家校共育的实施新路径加以探索和分析,为改进小学教学方法,提高整体教学水平提出建议。

为了减轻学生的作业压力和课外辅导压力,学校要在减少作业量的基础上保证教学质量,这就必然要求学校和家长积极配合,用最少的作业量来提高孩子的学习成绩。学校的教学不能只停留在学校里,否则会造成教育的脱节,学校应该积极寻求家长的帮助来共同教育学生。因此家校共育就成为新的教学路径,其具体实施、作用、方法及产生的问题等都必须经过慎重考虑,以确保家校共育顺利有效地实施,促进学生德、智、体、美、劳全面发展。

一、"双减"背景下家校共育的意义

"双减"政策旨在减轻学生的学习压力,并不是要降低学生的学习质量。传统教育模式下,学生的课后作业量非常大,放学较早,大多数家长都需要上班,没办法按时去接孩子,往往由老人代为接管,但是许多老人无法辅导学生的学习。基于以上情况,大多数学生在放学后都会上辅导班,以此应对作业没人辅导和无人接管的难题。而"双减"政策的实施就是为了很好地解决这些问题。一些学校提供课后服务,以此减轻家长的负担。课后服务为学生提供了自由选择学习内容的机会,学生在学校做完作业,这样就极

大地减轻了家长辅导学生作业的负担。但是这并不意味着家长可以把教育孩子的所有责任全部转移给学校,学生回到家中,学校无法实时关注学生动向,如果家长不管,任由学生随便看手机、看电视、出门玩,就很容易出现问题。俗话:"说家长是孩子教育的第一任老师。"因此校方必须积极联系家长,促使双方达成共同教育的默契。学生在学习之余可以培养兴趣爱好,或者在确保安全的情况下进行各种户外活动。只有家长真正担负起教育的职责,才能保证学生在安全的环境里健康快乐地成长[1]。

二、"双减"背景下家校共育实施新路径的作用

"双减"政策释放了学生的课后时间,使得学生自由活动的时间增加,这就凸显了学生家庭教育的重要性。因此,"双减"背景下探索家校共育的实施新路径对学生的教育会起到非常关键的作用。

(一)提高家庭教育的积极性

"双减"政策的实施减少了学生的文化课作业,但这并不代表学生回到家就不需要学习了。如果学生回到家毫无约束,尽情玩乐,必然会导致在学习上不连贯,学生的自控能力下降,主动学习能力变差。因此,家庭教育对于学生至关重要。探索家校共育的实施新路径,需要班主任和家长及时沟通,给学生布置适量的作业以查漏补缺,巩固学生在学校的教育成果,促进学生学习成绩的提高。

(二)提高学生学习的积极性和主动性

"双减"政策的实施让学生有时间参与户外活动,培养兴趣爱好,不再只是一味地学习文化课,也不再没完没了地上补习班,极大地减轻了学生的学习压力,促使学生热爱生活、热爱学习,缓解了学生的厌学情绪。传统的教育模式下,为了追求高分数,致使小学教育中所有的教学活动都是为了提高学生的分数而制订,这就导致学生学习压力增大,容易产生厌学情绪。所以,在"双减"背景下,探索家校共育的实施新路径有利于学生提高学习积极性和主动性[2]。

（三）有利于课后服务体系的建立

学生在学校的学习时间是有限的，因此对于学生的家庭教育，学校要联合家长共同参与，这有利于课后服务体系的建立。"双减"的实施要求学校教育必须从多种理念出发，因此学校和教师必须及时针对政策创新教学理念，只有不断创新，才能适应时代的发展。而"双减"背景下，探索家校共育的实施新路径，极大地推动了学生素质教育的发展，学校不能只注重学生文化课成绩的提高，也要注重激发学生的兴趣和潜能，只有这样才能培养出综合素质高的学生。学生想要培养综合能力就必须提高其他能力。比如，教师可以利用实践课拓宽学生视野和思路，开展多种形式的教学活动，有利于学生综合能力的培养。如美术能够提高学生的绘画能力、动手能力、鉴赏能力和审美能力等，因此可适当开展相关的课后活动，这也需要家校共同努力。家长在积极开展家庭教育的过程中，遇到任何问题都可以通过课后服务体系来与教师进行沟通，以便更好地开展家庭教育，提高学生的学习效率和质量。

三、家校共育所面临的问题

教育政策一直都在随着时代的发展而不断变化，每一项新政策、新方法的实施都面临着各种不同的情况，只有真正地了解问题，才能在教育改革中积极寻找解决问题的方法。经过分析，"双减"背景下，探索家校共育的实施新路径也会面临一些问题[3]。

（一）家校共育意识淡薄

传统的教育理念认为教育就是学校的责任，因此一些家长就做起了"甩手掌柜"，认为家庭无须承担任何教育责任。这就导致了家校双方教育理念的冲突，致使一些家长的家校共育意识淡薄，学生无法得到连贯的教育。如果只进行学校教育，回到家学生就没人管理，会造成学生教育的缺失，无法满足学生人生观、价值观的正确形成的要求，不利于学生综合素质的培养。由于家校共育意识淡薄，一些家长不理解家庭教育的重要性，也就不会积极参与家校共育新路径的实施,从而导致这一新政策在落实过程遇到困难。

(二)家校共育模式相对单一

家校共育的模式比较单一。家长会是家长了解学生学习情况最普遍的方式,学校只有通过开展家长会,才能真正与家长坐到一起来了解学生的学习和生活状况。但是家长会不可能天天开,家长没时间,学校也没有那么多资源。因此,开展多种形式的家校共育模式十分必要,只有多种形式的家校共育模式才能满足学生的教育需求。对于家庭教育的重要性,学校也要定期与家长进行沟通,可以通过QQ、微信、学校网站等多种渠道进行家校沟通,以便更好地寻找出适合学生的教育模式[4]。

(三)家校共育的合作内容不明确

"双减"背景下,家校共育的合作内容不明确成为这一政策实施的一大难题。随着教育改革的不断发展,新的教学模式并没有使家长和学校明确教育内容。由于传统教育理念还是以学生的学习成绩为主,学校和家庭教育只注重学生学习文化课,没有施行全面的素质教育,在提高学生的学习兴趣和开展课外活动方面仍有所欠缺。"双减"政策的实施,就是为了减轻学生的作业压力,让学生有时间来培养兴趣爱好,促进学生全面发展。素质教育不能只是一个口号,要切实落实到实际工作中。家校共育的目的是培养学生独立自主学习的习惯,为学生提供轻松自在的学习环境,释放孩子的天性,让学习变得轻松愉快。

四、"双减"背景下家校共育实施新路径的策略

在"双减"背景下,小学教师必须针对学生特点,充分结合教学内容来对家校共育的新路径进行深入研究[5]。

(一)提升家长教育水平,促进学生健康成长

在学生的教育成长之路上,家庭教育的重要性不言而喻。并不是说家长把学生送到学校后,就与家庭教育没有任何关系了,这样必然会导致学生的

教育脱节，无法实现保质保量的优质教育。学生在家的时间超过在学校的上课时间，家庭成员的言谈举止在很大程度上会影响学生的身心健康，家庭的教育观念也会对学生的性格、人生观、价值观的形成起到关键作用。因此，家长的教育观念和教育水平将直接影响学生的身心健康和学习成绩。大多数家长并没有系统地学习过如何正确地教育孩子，只是根据自己的习惯或经验进行教育，这就使很多学生出现了这样或者那样的问题。为了促进学生健康快乐地成长，学校有必要专门针对家长进行教育理念的培训，提高家长的教育水平，携手将学生培育成身心健康、学习能力强和综合素质高的人才。

（二）开展多种形式的家校共育活动，营造良好的学习成长氛围

学校可以利用一切资源来加强教育环境的建设，如利用网络平台制作教育视频，或者提供教育专家关于家庭教育的授课内容给家长观看，也可以与教育成效显著的家长合作，分享优秀学生的培养过程，供其他家长观看学习，从而提高家庭教育的参与度。学校也可以定期举办家长会，向家长传授先进的家庭教育方法和教育理念，组织家长共同学习、共同讨论、共同分享健康先进的教育理念，以便更好地实现在"双减"背景下探索家校共育的实施新路径，为我国的教育事业做贡献。

（三）家庭作业布置的创新

"双减"政策的目的就是减少学生的文化课作业量，让学生利用课余时间来开发自己的兴趣爱好，促进学生的全面发展。教师在"双减"的背景下，应该充分结合学生的兴趣爱好来布置家庭作业，以便实现家校共育的完美结合[6]。

例如，小学班主任应该多为学生布置做家务这样的家庭作业。做家务是爱父母的一种表现，如今不少学生可谓是"十指不沾阳春水"，没有任何做家务的意识。现在大多数家庭只有一个或两个孩子，其他家庭成员都舍不得让孩子吃一点苦，导致学生出现自私自利、好吃懒做、没有孝心等问题。因此，安排做必要的家务有助于培养学生动手能力和热爱劳动的高尚品质。为学生安排劳动课也能使学生通过做家务来体谅长辈的不易，更加有利于孝心

的培养。家长要积极配合学校完成这类家务作业，不能只让孩子装样子，否则无法达成家校共育的教育目的。

（四）完善家校走访机制

家访是班主任与家长进行亲密接触的重要方式。班主任走进学生家里，能够近距离了解学生的生活环境和家庭成员的构成情况，从而更好地协调家庭教育和学校教育。家访便于家长及时了解学生在学校的学习情况，也能够使班主任及时了解学生在家的具体情况，这样更有利于家长和学校的交流，能够及时发现学生的问题，具体问题具体分析，以便找出更加有利于学生身心健康的教育方式。在"双减"的背景下，更加凸显了家访的重要性，家校双方需要及时了解孩子的情况，以便创造更好的教育环境。

（五）积极配合学校建立"学习型"家庭氛围

首先，家长要不断学习先进的教育理念，改进传统教育模式，多采取鼓励式教育方式。当学生参与家庭活动时，家庭成员应该减少看手机、玩电脑游戏等行为，多带学生进行户外活动，或者参观科技馆、博物馆等，为学生营造"学习型"家庭氛围。家长应该以身作则，多读书，与学生共同养成良好的学习习惯。

其次，学生在学习生活中必然离不开学校和家庭两个地方。因此，家长应该多与教师进行沟通，及时了解学生情况，以便更好地配合学校开展家庭教育，促进学生综合素质的全面提升[7]。

（六）多组织学生进行实践教育

学生在家休息期间，家长可以充分利用时间对学生进行实践教育。由于学生有寒暑假、双休日、法定节假日等大量休息时间，学校可以联合家庭针对学生的特点来组织实践活动。比如，组织学生参观风力发电站、航天科技馆等，也可以与家长一起组织军事游戏、夏令营等活动，促使学生从实践中收获友谊、了解大自然，以便更好地开发思维，开阔视野。

（于晓梅）

第三节　家校共育让教育更有温度

苏霍姆林斯基曾说:"只有学校教育而没有家庭教育,或只有家庭教育而没有学校教育,都不利于完成培养人这一极其复杂的任务,最完美的教育应是两者的有机结合。"家庭教育和学校教育共同构成了学生全面成长的体系。整合家庭教育和学校教育,形成教育合力,在促进学生的健康成长和全面发展等方面具有至关重要的意义。

家校共育的核心在于家校之间的有效沟通和合作。通过家长参与学校的教育活动,以及学校对家庭教育的指导和支持,双方可以共同为孩子营造一个和谐、温暖、积极向上的成长环境。这种教育方式不仅能够提高孩子的学业成绩,更能够培养孩子的品格、情感和社会适应能力。具体来说,家校共育的优势体现在以下两个方面:

一方面,家长参与孩子的教育过程,能够深入了解孩子的需求、兴趣和困惑,从而与孩子建立更加紧密的亲子关系。这种亲密关系有助于孩子形成健全的人格和良好的心理素质,家长和学校之间的交流会更加频繁和深入。双方可以共同关注孩子的成长和发展,及时发现问题并共同解决。这种互动能够增强家长对学校的信任和支持,同时也能够提高学校的教育质量和效果。

另一方面,家庭和学校各自拥有不同的教育资源,通过家校共育,双方可以共享这些资源,为孩子提供更加丰富、多样的学习体验。这种资源共享有助于孩子开阔视野、拓展知识面、提高综合素质。家庭和学校会形成一股强大的教育合力,共同推动孩子的成长和发展。这种合力能够让孩子感受到来自家庭和学校的双重关爱和支持,从而更加自信、勇敢地面对未来的挑战。

为了让家校共育更富有温度，为孩子营造一个更加和谐、温暖且积极向上的成长环境，让他们健康快乐地成长，我们可以通过以下途径进行有效的家校合作：

一、转变家长观念，提升家长素质

为了实现家校的和谐共育，转变家长观念、提升家长素质至关重要。为此需要加大宣传力度，使家长认识到家庭教育的重要性，体会到家校共育模式对学生发展的关键性作用。通过家长委员会，向家长们大力宣传家校共建共育的重要性和优势，让家长们能够深入了解并接受家校共育这一教育新模式，调动家长参与学校管理的积极性，主动配合学校的工作。在家庭和学校的共同努力下，才能使教育的途径更加畅通，教育更加有成效。同时，学校可以组织各种培训班为家长和老师充电，提高家长的教育素养，如通过专题讲座、专题讨论、班主任培训课等形式，讲授家校共育模式的内容和作用，以便更好地宣传家校共育模式。

二、注重沟通技巧，提升沟通效果

家校共育的效果如何取决于沟通的技巧。良好的沟通会有事半功倍的效果，反之可能会事倍功半。学校应该建立多种沟通渠道，与家长保持联系，如家长会、家访、电话、微信、网上学校等，定期与家长进行交流，了解他们的意见和想法，并及时回应家长的问题，增强家长的信任感和参与度。通过这些活动，家长们对如何实施家校共育有更清楚的认识，家长也会将意见和要求及时反馈给老师及学校，双方相互商讨、沟通，取得共识，更好地实现家校共育，共同促进孩子健康发展。

三、家长参与活动，促进家校合作

班主任要鼓励家长参与学校活动，家长参与学校活动是促进家校合作、提高教育质量的重要方式。校方可以邀请家长参与学校的教育活动，如家长进课堂、校园文化节、亲子活动、志愿服务、社会实践活动等。这些活动不仅能够让家长更加深入地了解学校的教育理念和教学方法，而且能够增进家长与孩子之间的情感交流，丰富多彩的活动也使家校共育更添色彩。

四、提供专业指导，提升育人水平

近年来，"家庭教育指导日"渐成为学校的一项重要职能。学校可以为家长提供专业的家庭教育指导服务，指导和帮助家长提高自身的素质和修养，学习科学的教育方法和技巧，树立正确的家庭教育思想和观念，从而营造良好的家庭育人环境。这些指导服务包括家庭沟通、亲子关系建立、性教育、青少年心理健康等方面的内容，帮助家长更好地理解和应对家庭教育挑战，同时也为家长们创造横向联系、倾心交流、互帮互学的机会，对提高家庭教育水平可以起到促进作用，进一步调动家长支持学校教育的积极性。

五、给予真诚关爱，结对帮扶学生

每名学生都希望被关爱，对于一些特殊群体的孩子，如留守儿童、单亲家庭孩子、贫困学生等，学校应该给予更多的关注和支持。平时加强与他们的日常交流与沟通，多了解他们的心理状态和思想状况，家校双方共同制订关爱计划，建立专项档案，为孩子提供有针对性的教育支持，培养他们积极向上的情感、情绪和生活态度。

总之，孩子的健康成长离不开学校教育和家长的参与，家校共育是促进孩子全面发展的有效途径。家庭和学校应该真正实现合作共赢，加强沟通交流，凝聚教育合力，有效地促进孩子的全面发展，为孩子创造更好的成长环境，使教育充满温暖与关怀。

（于晓梅）

第四节 化"错"为"措"

在教育过程中,学生犯错是成长的一部分。错误不仅反映了学生的学习状况,还隐藏着他们的心理需求、认知水平和价值观。班主任在面对学生错误时,多采用纠正、惩罚等措施,以期达到规范行为、提高成绩的目的。然而,这种管理方式可能会抑制学生的主动性和创造性,忽视了错误背后的教育价值。因此,探索一种更加积极、包容的管理方式,将学生的错误转化为教育措施,成为班主任管理的新课题。

一、化"错"为"措"的理论基础

(一)建构主义学习理论

建构主义学习理论认为,学习是一个主动建构知识的过程。学生在建构知识的过程中,不可避免地会遇到困难和出现错误。这些错误是学生认知发展的自然产物,是他们探索未知、挑战自我的表现。因此,班主任应将学生的错误视为学习资源,通过引导学生自我反思和修正错误,促进他们的认知发展。

(二)积极心理学视角

积极心理学强调关注人的优点和潜能,倡导以积极的心态面对生活中的挑战和困难。在班主任管理中,积极心理学视角要求班主任关注学生的积极品质,将错误视为学生成长的机会,而非单纯的负面行为。通过鼓励学生面对错误、勇于改正,培养他们的自信、坚韧和乐观品质。

(三)全人教育理念

全人教育理念强调关注学生的全面发展,包括智力、情感、道德、社交等多个方面。在班主任管理中，全人教育理念要求班主任将学生的错误视为他们个性、价值观和行为方式的反映，通过深入分析错误背后的原因，为学生提供个性化的教育支持，促进他们的全面发展。

二、化"错"为"措"的实施策略

（一）建立容错机制，营造安全氛围

班主任应建立容错机制，鼓励学生大胆尝试、勇于犯错。在班级管理中，班主任可以设立"错误日""创意角"等活动，让学生分享自己的错误经历和创新想法，营造一种包容、开放的学习氛围。同时，班主任应明确表达对学生的支持和理解，减轻他们对错误的恐惧和焦虑。

（二）引导自我反思，培养批判性思维

班主任应引导学生对自己的错误进行深入反思，分析错误产生的原因、过程和结果。通过提问、讨论、角色扮演等方式，激发学生的批判性思维，帮助他们认识到错误中的教育价值。同时，班主任应鼓励学生制订改正错误的计划，培养他们的自律和自我管理能力。

（三）转化错误为教育资源，促进班级文化建设

班主任可以将学生的错误转化为教育资源，通过组织小组讨论、案例分析、角色扮演等活动，让学生在集体中分享和学习错误经验。这些活动不仅可以增强学生的集体意识和团队精神，还可以促进班级文化建设，形成积极向上、勇于探索的班级氛围。

（四）家校合作，共同关注学生成长

班主任应与家长建立良好的沟通机制，共同关注学生的成长过程。当学生在学校犯错时，班主任应及时与家长沟通，了解学生在家的表现和家长的教育方式。通过家校合作，共同分析学生错误的原因，制订个性化的教育措施，促进学生的健康成长。

三、实践案例与分析

案例一：小明的数学错误与成长

小明在一次数学考试中犯了低级错误，导致成绩不理想。班主任没有直接批评他，而是引导他分析错误产生的原因，如审题不清、计算失误等。通过自我反思，小明认识到自己的不足，制订了改正错误的计划。在班主任和家长的共同关注下，小明逐渐克服了这些困难，数学成绩有了显著提高。这个案例表明，化"错"为"措"的管理理念有助于培养学生的自我反思能力和自律品质。

案例二：班级纪律问题的转化与解决

班级存在纪律松散、迟到、早退等问题。班主任没有采用惩罚措施，而是组织了一次小组讨论，让学生分析纪律问题对班级氛围和学习效果的影响。通过讨论，学生们认识到了纪律的重要性，共同制订了班级纪律公约。在公约的执行过程中，班主任鼓励学生相互监督、共同进步。经过一段时间的努力，班级纪律得到了显著改善。这个案例表明，化"错"为"措"的管理理念有助于培养学生的集体意识和团队精神。

四、结论与展望

化"错"为"措"的管理理念为班主任提供了新的视角和实践指导。通过将学生的错误视为教育资源，班主任可以引导学生自我反思、培养批判性思维；通过转化错误为教育措施，班主任可以促进学生的全面发展和班级文化建设。未来，随着教育理念的不断更新和教育环境的变化，班主任应继续探索和实践，化"错"为"措"，班主任专业化成长将面临更多的挑战和机遇。因此，我们需要持续关注班主任专业化成长的研究与实践，不断探索适应时代发展要求的新路径和新方法，为培养更多优秀的班主任人才贡献力量。"化'错'为'措'"不仅仅是一种管理理念，更是一种教育哲学，它倡导的是一种以学生为中心、以成长为导向的教育文化。这种文化鼓励学生在探索中犯错,在错误中学习,在学习中成长。它要求教育者具备开放的心态、包容的胸怀和敏锐的洞察力,以引导学生正确地看待错误,勇敢地面对挑战,不断地追求卓越。

因此,我们可以说,"化'错'为'措'"理念的实践不仅是对班级管理的一次革新,更是对教育文化的一次重塑。它让我们看到了教育的无限可能,也让我们更加坚定了对未来的信心。让我们携手共进,以"化'错'为'措'"为引领,共同创造更加美好的未来。

(蒋梅霞)

第五节　特别的爱给特别的你

"宫老师，王校长让你去趟校长室。"同事小高远远地对我喊道。

"难道班里的学生又违反纪律被校长逮着了，让我去领人？还是我工作上出现了什么差错？"我边走边嘀咕。

平时几步就能走到的地方，今天感觉像走了好长时间，由于心里的戒备，总感觉迈不开步子。"豁出去了，大不了一阵'狂风暴雨'！"我加快了脚步。

走进校长室，只见有一位陌生男子和一个小男孩，我猜他们应该是父子关系。这个小男孩大约10岁，圆脸蛋，高鼻梁，眼睛不大却炯炯有神，挺俊气的。我的目光最后定格在了他背着的蓝色书包上，此时的我心里头有点底了。

"我来介绍一下，这位就是宫老师，五年级一班的班主任。"只听王校长和颜悦色地对那位陌生男子说道。

"你好，宫老师，我姓张，是张小力的爸爸。"他边说边看了孩子一眼。

"宫老师，这学期张小力同学插班到你这儿，你负责安排一下。"王校长说道。

"那麻烦宫老师了，孩子您多操心。"张小力的爸爸笑容满面地说。

出于礼貌，我说："应该的，您放心吧！"

多年的工作经验告诉我，转走的都是优秀的学生，而转来的基本上都是"问题儿童"：要么学习不好，要么调皮捣蛋，要么来自单亲家庭……

果然不出我所料，张小力才上了一星期的课就"原形毕露"了：与同学相处不融洽，关系比较紧张，不遵守纪律，我行我素。其他任课老师也反映他上课不认真听讲，做小动作。所有关于张小力的负面信息加在一起，使我不得不说，王校长这哪是给了我一个学生，这简直就是个"烫手山芋"。难道让这个"山芋"把手烫破吗？潜意识告诉我，坚决不能！经过再三考虑，我决定先通过他的家长对他进行了解，于是我慎重地拨通了他家长的电话。

在电话里，我只字不提他违反纪律的事，只是说他可能还没有适应新环境，心情不太好，在学习上表现得不积极。而后，我又旁敲侧击地了解到了他的家庭和成长的环境，以及他在家的表现。原来，张小力生活在一个重组家庭里，继母对他不闻不问，生父整天忙于生意也无暇顾及，即使有点时间，也只将心思全放在再婚生子上。

了解这些情况后，我觉得张小力缺少关爱，他目前再也经不起老师的批评与训斥了。

第二天，我把他叫到办公室，跟他娓娓而谈。问他为什么上课不愿听讲？为什么与同学不能和睦相处？是不是有什么难言之隐？我还告诉他，如果他愿意说，老师就是他的听众。

这一问不要紧，小力像抓住了最后一根救命稻草！只见他泪眼婆娑，继而痛哭流涕，非常激动地诉说了自己在家里的感受。他情绪失控地大声说："我在家里简直是一个多余的人！没人关心我！没人在乎我想要什么！"听了他的诉说，我感到他很孤独，就像文中写道："是那种一只鸟拥有万里天空却看不见另外任何一只鸟的孤独，这只鸟在空阔的天空下飞翔着，只听见翅膀划过气流时发出的寂寞声。"如果一个人的生活里除了孤独还是孤独，那将是多么可怕的一件事。张小力的事情让我牵肠挂肚、寝食难安，难道真的无能为力了吗？不，我不愿意看到任何一个孩子留下遗憾，我坚信爱一定可以创造奇迹。

我偷偷把张小力的情况告诉了同学们，并约定不要告诉张小力。孩子们都愿意与我一起帮助他，关心他。于是，下雨天，小鹏把自己的伞留给张小力，自己与别的同学打一把伞消失在蒙蒙细雨中；课堂上，他走神了，同桌会善意地提醒他；作业做错了，学习委员会帮他一起订正；课间休息了，总有人拉着他去玩耍……不知从何时开始，小力的作业本上多了许多笑脸娃娃，作业本里多了写满鼓励话语的小纸条；他的身边多了一些愿意与他交流的朋友。最让他感动的是我与孩子们给他过了一个难忘的生日，那天他激动得一句话也说不出来，任由泪水哗哗地流淌。"孩子，你有老师，有同学们，我们就是一家人，你再也不孤独了！"我把他揽入怀中，抚摸着他的头说。慢慢地，张小力变了，他的眼神看上去不那么忧郁了……

苏霍姆林斯基曾说："从我手里经过的学生成千上万，奇怪的是，留给我印象最深的并不是无可挑剔的模范生，而是别具特点、与众不同的孩子。"对于有个性、有问题的学生，老师也许要多付出一些"特别的爱"，满足他们的需要，安慰他们的心灵，给他们留下温馨的回忆，让他们健康快乐地成长。

（宫丽丽）

第六节　浅谈如何形成优秀的班集体

班级是学校教育、教学活动的基本单位，一个优秀的班集体犹如肥沃的土壤，能滋养每一位学生茁壮成长。它不仅为学生提供良好的学习环境，培养学生的集体荣誉感和责任感，还对学生的品德塑造、人际交往及综合素质提升起着不可替代的作用。然而，建立优秀班集体并非一蹴而就，需要班主任及全体师生共同努力，运用科学合理的方法与策略精心培育。

一、明确班级目标

（一）目标的重要性

目标是班集体前进的方向和动力源泉。明确的班级目标能让学生清楚知道努力的方向，使个体行为与班级整体发展紧密相连，增强班级的凝聚力和向心力。当学生为共同目标奋斗时，能激发他们的积极性和主动性，培养坚韧不拔的意志品质。

（二）目标的设定过程

班主任引导：班主任先提出班级发展的大致方向和框架，如班级在纪律、学习、活动等方面期望达到的水平，为目标设定奠定基础。

学生参与讨论：组织全班学生参与目标讨论，鼓励他们结合自身实际和对班级的期望，提出想法和建议。这不仅能让目标更贴合学生需求，还能增强学生对目标的认同感和归属感。

共同确定目标：综合班主任引导和学生讨论的结果，共同确定班级短期、中期和长期目标，并将其细化为具体的阶段任务，确保目标逐步推进和实现。

二、选拔培养班干部

（一）班干部的重要性

班干部是班集体的核心力量，是班主任的得力助手。他们在班级管理、信息传递、榜样示范等方面发挥着关键作用。优秀的班干部能协助班主任维持班级秩序，组织各项活动，促进同学间交流合作，营造良好的班级氛围。

（二）选拔标准

品德要求：班干部应具备诚实守信、正直善良、有责任心等优秀品德，能以身作则，在同学中树立良好形象。愿意为同学服务，积极主动为班级发展贡献力量，不计较个人得失。

学习成绩要求：良好的学习成绩是一种榜样力量，能激励其他同学努力学习。同时，也表明班干部具备较强的学习能力和自我管理能力，有精力处理班级事务。

能力要求：具备一定组织能力，能有效组织班级活动和管理班级事务；善于沟通，能准确传达班主任的意图，倾听同学心声，协调同学间关系。

（三）选拔方式

民主选举：在班级中开展民主选举，让学生自主投票选出心目中的班干部。这种方式能充分尊重学生的意愿，选出的班干部更具群众基础。选举前，可让学生进行竞选演讲，阐述自己的优势和工作计划，便于其他同学了解。

班主任指定：对于刚组建的班级，学生彼此不熟悉，可由班主任根据对学生的初步了解指定临时班干部，经过一段时间考察后，再进行民主选举。

（四）培养措施

明确职责：开学初，班主任应与班干部共同讨论制订详细的岗位职责，让每位班干部清楚知道自己的工作内容和要求。

定期培训：定期组织班干部培训，传授班级管理技巧、沟通方法、活动组织等知识和技能。

放手锻炼：在日常班级管理中，班主任要给予班干部充分的信任，放手让他们开展工作。遇到问题时，引导班干部独立思考、分析解决，培养其自主管理能力和解决问题的能力。

激励与评价：建立合理的激励与评价机制，对工作表现优秀的班干部及时表扬和奖励，如颁发荣誉证书、给予物质奖励等；定期对班干部工作进行评价，肯定成绩，指出不足，帮助他们不断改进工作。

三、营造良好的班级氛围

（一）物质文化氛围营造

教室环境布置：可在教室墙壁张贴名言警句、优秀学生作品、班级荣誉证书等，激励学生积极进取；设置图书角、植物角等区域，丰富学生的课余生活，增添生机与活力。

座位编排：合理编排座位，根据学生身高、视力、学习能力、性格等因素，将不同类型学生搭配组合，便于学生互相学习、互相帮助。定期调整座位，避免学生长期处于固定位置产生疲劳和不良习惯。

（二）精神文化氛围营造

班级制度建设：建立健全班级规章制度，明确学生在学习、纪律、卫生等方面的行为准则。制度制定过程要充分征求学生意见，确保制度合理、公平、可行。在执行过程中，要严格公正，做到奖惩分明，让学生明白什么可为、什么不可为，培养学生的规则意识和自律能力。

班级文化活动：开展形式多样的班级文化活动，如主题班会、班级文化节、读书分享会等。通过这些活动，传承和弘扬中华优秀文化，培养学生的兴趣爱好和特长，增强班级凝聚力。

（三）人际关系氛围营造

同学关系：倡导同学间团结友爱、互帮互助，鼓励学生积极参与班级活动，增进彼此了解和信任。对于同学间的矛盾和冲突，班主任要及时了解情况，引导学生以理性、包容的态度来解决问题，培养学生良好的人际交往能力。

师生关系：构建和谐融洽的师生关系，班主任要关爱每一位学生，尊重学生个性差异，平等对待每一位学生。与学生建立良好的沟通渠道，倾听学生心声，及时解决学生学习和生活中的困难，让学生感受到教师的温暖和关怀。

四、构建和谐师生关系

（一）了解学生

全面了解：班主任要通过课堂观察、课后交流、家访、问卷调查等多种方式，全面了解学生的学习情况、兴趣爱好、家庭背景、性格特点等，为因材施教和有效沟通奠定基础。

动态了解：学生处于不断发展变化中，班主任要持续关注学生成长，及时发现学生在不同阶段出现的问题和变化，调整教育方法和策略。

（二）尊重学生

尊重人格：尊重学生的人格尊严，不歧视、不体罚学生，也不变相体罚学生。对待学生的错误，要以教育引导为主，保护学生的自尊心。

尊重差异：每个学生都有独特的学习方式和兴趣爱好，班主任要尊重学生差异，因材施教，为学生提供个性化发展空间，让每个学生都能在原有基础上得到充分发展。

（三）有效沟通

沟通方式：采用多种沟通方式，如面对面交流、书信沟通、网络沟通等，根据学生特点和具体情况选择合适的方式。沟通时要注意语言表达，语气亲切、和蔼，让学生感受到真诚和关心。

倾听技巧：在与学生沟通时，要认真倾听学生的想法和感受，不打断、不急于评价。通过倾听让学生感受到被尊重，同时也能更好地了解学生的内心世界，为有效沟通和解决问题提供依据。

五、开展丰富的班级活动

(一)活动的重要性

班级活动是班集体建设的重要载体,能丰富学生的课余生活,提高学生的综合素质。通过班级活动,学生能增强团队协作能力、创新能力和实践能力,同时也能进一步增进同学间的感情,提升班级凝聚力。

(二)活动类型

学习类活动:如学科知识竞赛、学习经验交流会、读书心得分享会等,激发学生学习兴趣,提高学习成绩,营造良好的学习氛围。

文体类活动:举办运动会、文艺会演、绘画比赛、书法比赛等,培养学生的兴趣爱好和特长,促进学生全面发展。

社会实践类活动:组织学生参加社区服务、志愿者活动,参观博物馆、科技馆等,开阔学生视野,增强学生社会责任感和实践能力。

(三)活动组织与实施

精心策划:根据活动类型和目标,制订详细的活动方案,包括活动主题、时间、地点、参与人员、活动流程、注意事项等。确保活动方案具有可操作性和吸引力。

充分准备:提前准备活动所需物资、场地、设备等,安排好活动组织人员,明确分工。同时,对学生进行安全教育,确保活动安全顺利进行。

活动实施:按照活动方案有序组织实施,活动过程中要关注学生表现,及时调整活动节奏和方式,保证活动效果。鼓励学生积极参与,充分发挥主观能动性。

总结反馈:活动结束后,组织学生进行总结反思,分享活动收获和体会。收集学生对活动的意见和建议,为今后活动改进提供参考。对活动中表现优秀的学生进行表彰和奖励,激励更多学生积极参与班级活动。

六、结论

建立优秀班集体是一项系统而长期的工程,需要班主任、任课教师和全体学生共同努力。通过明确班级目标,为班集体发展指明方向;选拔培养优秀班干部,构建班级管理核心力量;营造良好的班级氛围,为学生成长提供优质环境;构建和谐师生关系,增强班级凝聚力;开展丰富的班级活动,提升学生综合素质。只有多措并举,持之以恒,才能打造出一个充满活力、积极向上、团结奋进的优秀班集体,为学生的成长和发展奠定坚实基础。在教育实践中,教育工作者应不断探索创新,结合班级实际情况,灵活运用各种方法和策略,推动优秀班集体建设不断取得新成效。

（刘　文）

第七节　沟通艺术在小学班主任管理工作中的应用研究

在初等教育的过程中，教师的职责至关重大，他们的课堂教育活动对孩子们的学业进步起到决定性的影响。然而，鉴于孩子们的年纪尚小，他们的自律性相对较弱，因此，教师的课堂教育活动可能会面临更大的挑战。管理小学班级是一项复杂而又艰巨的任务，除了要关注学生的学业外，还需要处理日常生活中的琐碎事务，以期促进学生的学业发展。然而，从当前小学班主任的班级管理状态来看，仍然面临许多挑战，这些挑战严重影响到了班级管理水平与学生的学业表现。因此，教育者需要运用高效的管理策略去应对这些挑战。

一、在小学管理中班主任采取沟通艺术的重要性

（一）沟通艺术的实施有利于创设团结友爱的班级环境

小学生的理解和认识水平尚未达标，常常无法准确地领会班主任的教诲。因此，在日常的课堂管理过程中，强调沟通艺术将有助于营造出和谐、充满关怀和欢乐气氛的课堂氛围。通过艺术化的对话，可以建立优质的教育环境，缩小教师与学生之间的差异，减少两者之间的分歧和误解。此外，教师也可以更深入地理解学生，在面临生活或学业的挑战时，他们会乐于与教师进行对话，这对培养学生的自尊心大有裨益。实施沟通技巧可以使班主任从权威转变为学生的良师益友，从而提升学生的学习效果。从家长的视角看，家长与班主任良好的关系有助于学生的心理健康，解决冲突，使学生在更加和谐的教育环境中学习，进一步激发学生的学习热情。

（二）沟通艺术的实施有利于彰显学生的优势与特长

执行沟通技巧对于小学的班级管理具有积极影响，它能够帮助建立良好、和谐的师生关系。在此种环境中，学生的精神状态相对舒适，并且他们将充分展示自己的优势和才华。新的课程改革标准对此提出了更高的要求，即教师应当尊重学生的核心地位，并重视与学生的情感交流，这也符合素质教育的宗旨。优秀的互动可以激发小学生的学习热忱。此外，他们也乐于敞开心扉，和老师进行深入的交谈，这样老师就可以更深入地掌握学生的具体状态，从而有针对性地执行未来的教育和管理职责。依据学生的具体状况，实施个性化教学。在班级管理过程中，运用科学和谐的交流方式，还能激发学生的积极性，使他们得以自由成长。在这样的环境中，能够全方位提升和展示学生的情感智力，提升学生的智力水平。

二、沟通艺术在小学班主任管理工作中的应用

（一）有效化解管理中的矛盾

班主任需要建立起与学生的交流渠道，通过艺术化的沟通方式，解决学生与学生之间，以及学生与其他任课教师之间的冲突。班主任在这个过程中扮演着中介角色，为师生之间搭建一座沟通的桥梁，这不仅是班主任的职责所在，也是他们工作的独特之处。例如，当某位班主任注意到他的班级在一段时期内，英语的总分呈现下滑趋势，他感到十分焦虑，于是召集了一次班会，针对一些问题与同学们进行深入的探讨。他得知，这种情况的根源在于英语教师的授课方式太过激烈，同时，学生对学习英语的热情也持续减退。为了应对这个情况，他再次召集全班的任课教师，邀请他们加入到学生的学习讨论之中，从而成功地解决了英语课堂的难题。针对各个领域的难题，他们给出了适当的处理策略，使得学生的学业总体表现有所改善，同时，他们的学习热情也有所提高。

（二）发挥模范带头作用，引导学生良性发展

在小学阶段，学生并未面临升学的压力。因此，班主任在进行班级管理

时，应该着重提升学生的自信心和掌握沟通艺术。小学生天生具备模仿学习的能力，所以，班主任在日常的管理工作中需要以身作则，树立模范形象，为学生提供一个亲切、善于交流的榜样。让学生学习老师的交流方式，掌握与他人的沟通艺术。通过言传身教的方式去感受交流的艺术，在不知不觉中培养出交流的习惯。

简而言之，沟通艺术在小学班主任的班级管理中扮演着至关重要的角色。优秀的沟通艺术不仅能够解决冲突、清除误解，也能调整教师与学生的关系，辅助班主任进行个性化的教育，确保针对特定问题进行详细的分析，同时也有助于培育学生的团队精神和自我主导的意识，对于他们的全面发展起到至关重要的作用。

（邱　惠）

第八节　不让爱远离

当我改到佳佳的试卷时，顿时火冒三丈。字体乱糟糟的，像杂草一样，一篇作文只有一个标点符号。真是屡教不改、朽木不可雕也！我忍无可忍，拿起手机拍照直接发送给了佳佳的爸爸。很快，佳佳爸爸发来信息："谢谢老师告知，我一定会在家多关注的。"看了一眼信息，我觉得目的达到了，因为家长只要了解了孩子的问题就会采取措施去解决，我继续低头改试卷。快到中午放学时，一个陌生电话打来，原来是佳佳的奶奶要来办公室找我，说有事要和我谈。

大约10分钟后，佳佳奶奶气喘吁吁地来到办公室，手里拿着一个袋子，估计里面装着钥匙和手机，可能走得太着急，她把外套脱了抱在怀里，见到我便说："刘老师，佳佳爸爸给我打电话，让我马上来趟学校，听说佳佳这次又没考好。"我拿出试卷给她看了看，她边叹气边在我面前打开了话匣子。从她口中得知，原来佳佳在上二年级时父母就离婚了，妈妈很少来看他，爸爸每天晚上10点多才回家，生活完全由奶奶照料。奶奶年龄大了，学习方面无法给予辅导，一切得靠孩子自觉，可孩子疏于自我管理，总会惹些麻烦。闯祸后的佳佳经常被爸爸打，如果成绩不好也会被打，而且打得很凶。奶奶说："今天他看了你的信息后，回家肯定又会打孩子的。"当时，我下意识地为之前的冲动之举感到担心。接着她又说："佳佳其实在家挺懂事的，能帮我干活，懂得心疼我，他很怕爸爸，每当爸爸回来，他会主动走上前，问爸爸累不累，渴不渴，会泡茶给爸爸喝……"听着听着，我仿佛看到一个小男孩在努力地讨好爸爸，希望自己的表现能得到爸爸的一句夸奖。我说："您看，其实孩子是最可怜的，本来就失去了母爱，现在也得不到父亲的关心，一考不好就招来拳打脚踢，却从来没有人真正关心过孩子内心的真实想法。"奶奶一听,眼泪立刻涌出来,边用袖子擦眼泪边说:"谁说不是呢!一到假期佳佳就盼着他妈妈来接他,总不断念叨'妈妈怎么还不来接我呢?'佳佳爸爸要么不管,要么就是动手,这个孩子就是个小可怜,可又有什么办法呢?老师,您得好好帮帮他!我们真是没有办法了!"

望着无奈的奶奶,听着她的诉求,我安慰她说:"您放心吧,我不会放弃他的,会想办法好好帮他补课,但您得让他爸爸来一趟学校,我得和他好好谈谈。"奶奶点点头,对我表示感谢,我还嘱咐她回到家后一定不能再让佳佳爸爸打孩子了。奶奶带着一丝欣慰离开了办公室,但我知道,她和我一样,不能确定未来是什么样子。

下午,佳佳爸爸发来信息:"老师,佳佳奶奶把情况都给我说了,我什么时间去找您?"我告诉自己一切都有转机,一切都还来得及!"什么时间都可以。"我立即回复道。在佳佳爸爸来学校之前,我忽然想到一本绘本《我的爸爸叫焦尼》,讲的就是一个单亲家庭的故事,我为何不让他读一读呢?说不定会起到非常好的效果。

佳佳爸爸请假来到学校,他谈到自己婚姻的失败和生活的艰辛,也知道很多时候对待孩子的方式是不对的,但又不知采用什么方法好。面对这位无助的爸爸,我拿出事先准备好的绘本《我的爸爸叫焦尼》对佳佳爸爸说:"您先读一读这本书,或许会有所启发。"绘本讲了这样一个故事,狄姆是一个离异家庭的孩子,他的爸爸叫焦尼,他的爸爸会去看他,和爸爸在一起的每一分钟对狄姆来说都是快乐的。他会大声且骄傲地告诉热狗店的阿姨、电影院的伯伯、比萨店的邻居,这是他的爸爸,他很自豪。最后,看着爸爸坐车远去,他期待着和爸爸的下一次见面。即使爸爸不常在身边,但和爸爸待过的每一分钟都将成为美好的回忆。佳佳爸爸认真地看着,几分钟后他开口说道:"老师,看了这本书我很有感触,我对孩子的陪伴太少了,对不起孩子。我以后一定尽量抽时间多陪他玩,让他妈妈也多接他几次,好好陪陪他。"我点点头,并郑重其事地告诉他:"任何情况下,都不要打孩子,改变对待孩子的态度,让孩子不再惧怕自己,有空多陪陪孩子。"佳佳爸爸努力点头,最后带着几许思考离开了办公室,我想,他应该和我一样,对未来充满着期待。我仿佛看到这样一幅场景：佳佳爸爸回家后不再因为成绩差而打孩子，而是坐下来和孩子一起分析原因，他会抚摸着孩子的头，满眼都是对孩子的期待和久违的爱意。

  佳佳这样的情况不算个例。现在社会上出现了很多离异家庭，在这样特殊的家庭里，孩子的情况也是不同的，有的孩子仍然可以得到呵护、关爱，可以快乐成长；而多数孩子则缺少父母的爱和关注，变得很孤僻、很忧伤。作为一名老师，如果能唤醒父母的责任意识，给出解决问题的方法，让他们知道，即使双方分开了，一样可以爱孩子，可以给予孩子和正常家庭一样的温暖，那孩子就不会感觉被抛弃了，会健康快乐地成长！

（刘　芬）

第九节 "双减"背景下家校共育模式探究

随着教育改革的深入,"双减"政策应运而生,旨在减轻学生课业和校外培训负担,促进学生全面发展。家校共育作为培养学生的重要方式,其作用受到广泛关注。目前很多学校和家庭在共育实践中面临合作意识不足、责任划分不明确和共育方式单一等问题,严重制约着家校共育的效果。因此,本文探索"双减"背景下家校共育的发展策略,希望促进家校共育模式高质量发展。

一、家校共育的意义

家校共育是指家庭教育和学校教育有效结合,旨在为学生提供一个全面发展的教育环境。首先,家校共育可以促进家庭和学校资源的整合,使学生在学习和成长过程中得到更加全面和均衡的支持。其次,通过家校共育,家长可以更好地理解学校的教育理念和方法,学校也可以更深入地了解学生的家庭背景和个性特点,从而实现个性化教学。再次,家校共育有助于建立和谐家校关系,为学生营造积极健康的成长氛围,可促进学生情感健康、社会适应能力以及核心素养的培养。最后,随着社会发展和家庭结构的变化,家校共育能够帮助家长有效应对教育挑战,提高家庭教育质量,也可以使学校教育更加贴近学生的实际需要,提升教育效果。因此,加强和创新家校共育不仅有利于学生的全面发展,也是提升教育系统效能、应对现代教育挑战的重要途径。

二、家校共育问题浅析

(一)家校合作共育意识淡薄

家校合作共育意识淡薄问题具体表现在家长和学校对共育重要性认识不

足，缺乏积极参与和投入的意愿。一方面，部分家长忙于工作，忽视与校方沟通交流，将教育责任过度推给学校，对孩子的学习生活缺乏必要关注。另一方面，校方在教育资源有限、教育任务繁重的情况下，更注重学生的学业成绩，而忽视了与家长的沟通和合作，没有充分发挥家庭教育的补充和促进作用。此外，社会对家校共育的支持和重视也不到位，缺乏有效的政策引导和公共资源投入。这种情况导致家校共育的潜力未能充分发挥，家庭和学校往往停留在各自为战的状态，无法形成教育合力。

（二）家校双方权责边界不清

家校双方权责边界不清是阻碍有效共育的重要原因。在实际操作中，家长和教师往往对各自的教育职责和角色的认知模糊不清，这导致在具体的教育实践中易产生误解和冲突。家长可能对教师的教育方法和管理有所不满，但又缺乏合适的途径去有效表达；教师也可能感受到家长在家庭教育方面的缺失或不当干预影响了教师的教育效果。由于缺乏明确指导政策和实施细则，家校在共育过程中的责任分担、沟通机制、协作方式等方面往往缺乏统一的标准和明确的指引，使得合作过程中产生的问题难以及时被发现和解决。这种权责不清的状况不仅减弱了家校合作的效果，也增加了双方的疑虑和摩擦，从而影响到家校共育的质量和深度。

（三）家校共育渠道不佳

家校共育渠道不佳主要表现在信息交流和互动合作上的障碍。现阶段尽管信息技术的发展为家校沟通提供了新平台，但是在实际操作中，有效沟通渠道仍然不够畅通、缺乏多样化。部分学校依然采用传统的家长会和通知书等单向沟通方式，缺乏及时性和互动性；家长对学校提供信息平台使用不充分，无法有效地获取和反馈信息。家校之间缺乏稳定和持续的互动合作模式，共育活动往往是零散和偶发的，缺乏系统性和连续性，这使得家校共育的效果大打折扣。

三、"双减"背景下家校共育模式发展策略研究

(一)依托自媒体平台,加强家校共育模式宣传力度

为加强家校共育模式的宣传力度,可以具体采取以下几种方式依托自媒体平台进行推广:首先,学校和家长可以共同创建专门的自媒体账号,如微信公众号、微博账号、抖音账号等,定期发布关于家校共育的资讯、教育技巧、成功案例等内容,这些信息不仅可以增加家长的教育知识,还能激发学生参与共育的兴趣和动力。其次,利用直播或视频进行家校互动活动,如在线家长会、专家讲座、家庭教育工作坊等,使家长能够更便捷地参与学校活动,也能方便家长和教师之间沟通交流。再次,建立家校互动的社群,通过微信群、QQ群等形式,让家长和教师能够在日常生活中及时沟通交流,共同讨论和解决教育问题,增强双方的联系与合作。最后,学校可以定期举办线上家校共育知识竞赛、亲子活动等,激发家长和学生的参与热情,具体内容示例如表1。通过以上方法,可以有效地利用自媒体平台的广泛覆盖和便捷交互特性,加强家校共育模式的宣传和实施,提升家校共育效果。

表1 家校共育活动示例

时间	活动内容
9:00 AM	开幕式
9:30 AM	家庭教育和共育知识竞赛
10:30 AM	工作坊:有效沟通策略
11:00 AM	亲子互动游戏
1:00 PM	案例分享:成功的家校共育故事
2:00 PM	与教育者的圆桌讨论
3:00 PM	创意艺术和手工环节
4:00 PM	闭幕式:颁奖及表彰

（二）完善家校共育合作机制，明晰家、校权责

为完善家校共育合作机制并明晰家校权责，可采取以下三点措施：一是建立明确的共育协议，学校与家长共同制订并签署共育协议，明确双方在教育过程中的责任、权利和期望。协议应详细列明双方在学生学习、行为规范、情感支持等方面的具体职责，同时设立定期评估和修订机制，确保协议内容与实际需求相符合。二是举办共育能力培训，定期为家长和教师举办共育相关的培训和研讨会，内容包括有效的沟通技巧、教育心理学、青少年发展等。通过提升双方的教育理解和技能，加强家校之间的合作基础，确保双方在共育过程中能够有效协同，提高共育的质量和效果。三是设立家校联络机制，学校可建立一个稳定的家校联络机制，包括定期的家校会议、互动平台和即时反馈渠道。这一机制应确保家长和教师之间的信息交流畅通无阻，及时解决教育过程中出现的问题，同时收集双方的意见和建议，为持续改进共育环境提供支持。通过使用数字化工具如学校管理软件，可以更加高效地管理沟通流程和记录共育活动的进展，确保信息的准确性和时效性[8]。

（三）搭建智慧化共育平台，发挥家校共育育人成果

为进一步强化家校共育的育人成果，学校可开发智慧化共育平台，如图1所示。该平台由家校互动模块、学生学习管理模块、教育资源共享模块、家庭作业和反馈模块、心理健康支持模块、数据分析和报告模块组成，具体如下。

1. 家校互动模块

这个模块是智慧化共育平台的通讯枢纽，提供一个多功能的交流平台，家长和教师可以通过文本、音频或视频等形式进行实时互动。此模块不仅包括基本的消息和通知功能，还能安排在线家长会、教师咨询和学生辅导等活动。通过定期的在线问卷和意见反馈，家校双方可以更直接地了解对方的需求和建议，及时调整共育策略。

2. 学生学习管理模块

该模块提供一个全面的学生学习管理系统，包括课程管理、成绩跟踪、

考勤记录和学习资源库等功能。家长可以通过这一模块了解孩子的学习进度、课程表和成绩情况，同时也可以接收到教师关于学生表现的定期评估和建议。学生本人也可以访问该模块，自主学习和查看教学资源。

3. 教育资源共享模块

该模块可以整合和分类教育资源，如电子书籍、教学视频、在线课程和互动习题等，为学生和家长提供丰富的学习材料。资源库应定期更新，确保内容的质量和多样性。此外，平台还可以根据学生的学习进度和兴趣推荐个性化的学习资源。

4. 家庭作业和反馈模块

这一模块允许教师在线布置作业，并跟踪学生的完成情况。学生可以在平台上提交作业，家长也能及时查看和监督孩子的作业状态。此外，该模块还支持教师和家长之间的反馈交流，双方可以就学生的作业和学习表现进行讨论和沟通。

5. 心理健康支持模块

考虑到学生心理健康同样重要，该模块提供心理健康教育、在线心理测评和咨询服务。家长和教师可以通过该模块了解学生的心理状态，及时发现和干预可能出现的心理问题。平台还可以定期组织心理健康讲座和工作坊，增强学生的心理韧性和自我调节能力。

6. 数据分析和报告模块

该模块可以收集和分析学生学习数据、家校互动记录和资源使用情况等信息，为教师、家长和学校管理者提供深入的洞察和建议。数据报告可以帮助各方评估共育活动的效果，识别改进的领域，同时也为个体化的教育路径提供支持[9]。

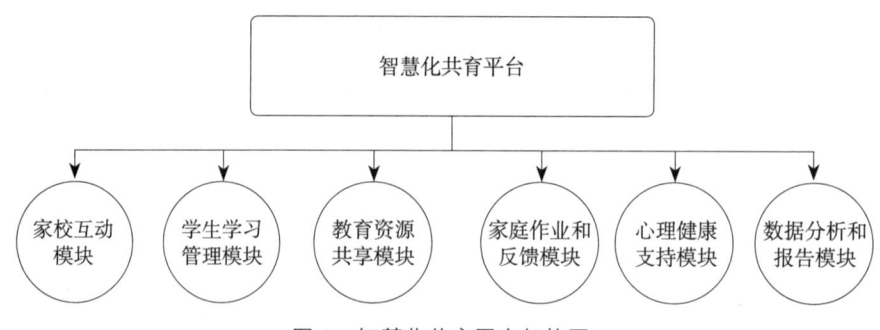

图 1　智慧化共育平台架构图

通过以上模块的协同工作，智慧化共育平台将极大地提升家校共育的效率和质量，实现资源的最大化利用，促进家校双方的深入合作，为学生提供全方位、个性化和动态的学习和成长环境。

通过自媒体平台加强宣传，明确和完善家校双方权责以及利用智慧化平台提升共育效率和质量等策略，可以期待在"双减"政策的指导下，家校共育将向更加科学、系统和高效的方向发展，更好地满足基础教育需求。随着教育环境和家庭结构的不断变化，家校共育仍需不断地进行创新和改进。教育部门、学校、家庭以及社会各界都应共同努力，持续关注和支持家校共育的发展。

（徐鸿鹏）

第十节　优化阅读教学，提升育人效果

在阅读教学中，语文教师需使用多样化教学策略，增强课堂的教学氛围，提升课堂教学的效率。学生能更好地体验沉浸感，优化学习效果，从而提升学科育人效果。教师可以在教学过程中营造多样性的教学活动，注重帮助学生以更加高效、快速的方式吸收知识，同时学生感受到语文阅读活动带来的乐趣，思维也能得到启发。学生的学习效果得到提升，并且在学习中找到了清晰的路径，最终实现核心素养的发展，这也是实现课程改革的基础。

一、阅读教学的优化思考

结合目前实际情况分析，阅读教学存在以下几点问题。

一是教师过分强调速度和数量。一些教师在教学过程中过分追求阅读速度和篇数，导致学生在阅读过程中无法充分理解和掌握文本内容，忽视了语文要素的学习。

二是忽视语文要素的教学。有些教师在阅读教学中忽视了对语言观察能力、分析能力、表达能力、发散思维等语文要素的教学，使学生在阅读过程中无法充分理解和分析文本。

三是教学方法单一。教师主导的教学模式依旧占据主流，如讲解、背诵等，缺乏启发性和趣味性，难以激发学生的学习兴趣。新课标指出，在实际教学中，教师要培养与提升学生综合素养，要帮助学生掌握语文基础，同时将语文素养渗透到课程中，融合趣味教育理念，将学生培养成为实用型人才。阅读教学的优化与革新对于提高学生语文水平、开阔眼界具有重要意义。教师不能囿于老方法，应大胆实施改革，充分尊重和巧用学生自身需求和兴趣，因材施教。通过针对小学生特点的个性化教育指导，同样可以达到良好的效果。这种学习方式可以帮助学生开阔视野，使他们能够更好地理解文章所含有的文言成分，并进行深度分析与梳理。这不仅有利于丰富学生的文化底蕴和语言功底，提高理解能力，还可以激发他们的学习热情。

总的来说，教师需要不断更新教学思路，创新教学方式。通过灵活的课堂科学组织和优化的教学方法，帮助学生掌握良好的阅读方法，挖掘自我潜能，达到最佳效果。

二、阅读教学的优化策略

结合信息技术创设阅读情境。在语文教学中，教师首先要考虑学生自身的特点。对小学生来说，充满活力的情景能产生代入感，他们不喜欢教师单调的讲解，信息化教学能给他们身临其境的体验。教师应该从学生的学习体验入手，首先把学生的注意力集中到语文课文上，再结合有效的教育指导，帮助学生实现深度学习。情景化能改变学生的状态，现代语文教育注重从内心出发进行教学，发现语文的魅力。教师设计教学活动能扩展学生思维，给予联想空间。因此教师需要通过信息技术构建扩展性的趣味活动，进一步提高课堂效率。优化语文教学需要从细节开始，帮助学生找到正确的阅读方式，激发自我潜能，使教学达到最佳效果。

情景化教学只是首要手段，教师还需要多探讨，革新教学方法，才能真正帮助学生全面提高语文水平。例如，教师在讲解《难忘的泼水节》的时候，泼水节是我国少数民族傣族的传统节日，但是傣族人民主要聚居于云南地区，使得节日文化的传播有一定的地域限制。小学生对于泼水节的热闹场景难以通过自身的想象去体验。教师使用多媒体内容创造沉浸式教学环境，有助于提高学生阅读理解效果。比如，教师可以利用纪录片和实景视频等，将泼水节的实际场景"呈现"在课堂上。学生可以直接观看生动的画面，就如同泼水节"出现"在他们面前一样。这让学生从视觉到心理都能深刻地体验并理解文章描述的情景，丰富地捕捉文章细节。通过这种生动的情景式教学，使学生更易形成鲜活的印象和联想，有利于理解作者想表达的思想与情感，激发创作灵感。这种利用情景帮助理解的教学法，既满足孩子对新鲜事物的好奇，又能高效地提高教育成果。

总的来说，利用多媒体可以创建沉浸式的学习环境，有助于学生深入感受文章描绘的内容，理解作者想传达的信息。这样的教学方式更符合孩子的认知特点，能帮助他们提升阅读理解效果，学生会用心品读课文，体会傣族人民在泼水节中欢愉的心情。由于小学生受到自身能力的限制，在感知文章情境上往往存在着一定的不足。因此，在小学阅读教学中，教师需要考虑学生的需求，结合信息技术将文章内容以较为生动和形象的方式为学生展示，提升学生的内心感受。

三、阅读教学融入"生本"教学理念

在传统的小学语文阅读课堂当中，因为教师采用的是"师本"思想开展教学活动，学生的积极性和主动性受到了严重的限制，导致课堂教学氛围十分压抑，小学生的学习积极性受到了严重削弱。针对这种情况，需要教师转变教学思想，以"生本"理念为指导思想，营造轻松愉快的教学氛围，激发学生对阅读的兴趣。比如，在学习《囊萤夜读》时，首要目标是让学生认知学习的重要性。通过感受古人对学习的态度，引导学生树立正确学习观。教师要给学生足够主导权，不仅鼓励学生讨论自己对本篇故事的理解，还可以要求学生分享自己的学习方式。解答学生在阅读过程中出现的问题时，教师应采用互动讨论的方式。首先将学生的问题集中展示，然后组织学生一起分析解决，激发学生主动思考的能力。

总的来说，在这堂以《囊萤夜读》为对象的语文课上，教师的任务不在于直接告知学生结果，更重要的是通过文言文阅读间接影响与启发学生，让学生认识到：学习如文章一样无止境，也如同萤火一般需要自找光明。有了这种启发，学生们对待学习会变得更加主动，树立起学习就是生命的理念。教师应跃升至高处，照亮迷路的同学。正如古人在文章中表达的渴望，通过学生的诉说方式，教师能够增加对学生的了解，同时也能够对学生进行有针对性的引导，让学生合理地利用课外时间进行阅读。教师还可以按照学生的个性为学生推荐课外读物，丰富学生的课外生活，同时学生也通过课外

阅读锻炼阅读能力，这一做法进一步将语文素养渗透到语文阅读教学指导中，从而提升学生的语文分析能力。

四、做好阅读评价，激发创新意识

老师在课堂评价上要使用鼓励性语言，培养学生自信。小学年龄段的学生心智较易受影响，对评价敏感。老师的课堂评语需慎重、妥善，应利用鼓励性语言，培养学生自信。学生在获得知识的同时，也需要体验学习乐趣。教师的课堂评价需具有针对性和正面性，鼓励与引导要多于批评。在点出学生的不足之处时也要加入积极反馈，帮助学生积极改进。正确引导学生的情绪，有助于学生长期的学业成就。老师一句展现关爱的评价评语，可能会影响学生的未来。

在教学评价语言的使用中，语文教师要注意教学语言的语气、态度。有些教师经常使用比较严肃的评价用语，容易让学生产生失落感，学习动力也会减弱，进而弱化了教学语言的价值。因此教师需要优化教学评价，激发学生潜能。

举例来说，教师在教学《飞向蓝天的恐龙》时可提出问题，根据学生的回答进行语言指导。学生的生活状态会导致对概念理解产生差异，教师应根据学生的实际表现优化教学语言。这种情况下，可以对学生进行如下指导：一是进一步阐述骨骼结构相似的理由，二是探讨鸡演化的实际情形，三是引出两种可能，四是运用生物知识分析。比如有很多同学都会说："鸟儿是恐龙的一支演变而来的，因为科学家提出了骨骼结构相似的依据。"但是刘浩荣同学说出自己的想法："科学家只是说明了二者的骨骼结构相似，但是自然界有很多生物的骨骼结构都是相似的。鸡也属于鸟类，难道鸡也是恐龙演变的吗？"虽然刘浩荣的回答并不是本文的主旨，但想法非常新颖，体现了刘浩荣同学独立思考的能力，且具备一定的参考价值。

教师为了鼓励学生的探究意识和创新思维，对刘浩荣做出鼓励性的语言指导："虽然你的想法有所欠缺，但思路非常新颖，也很用心思考文章的内容，需要继续完善自身的阅读理解能力并保持下去。"这样刘浩荣或者其他同学在听到教师的语言鼓励后，会更积极主动地思考，并踊跃举手发言，说出自己的真实想法。教师通过优化教学语言来鼓励学生进行探索性学习，寻找自己在学习过程中存在的问题，给学生提供积极参与语文学习的动力，为高效阅读课堂的构建提供了保障。

为完成阅读课堂优化，教师要采取科学合理的教学方法，有效地落实创新原则，突出学生的课堂核心地位，采用互动、游戏的方式来帮助学生解决阅读过程中遇到的问题，让学生的语文分析能力与发散思维能力都能得到增强，丰富学生的情感体验，提高学生的阅读能力和理解能力。

（赵　苗）

第二章 微光成炬：协同育人暖心叙事

第一节　请说出你的秘密

"同学们，今天这节课……"我边说边扫视了一下教室，只见走道上有个奶袋孤零零地躺在地上，仿佛也做好了听课的准备。从上学的第一天起，我就给孩子们讲，要做一个爱干净、讲卫生的好孩子，要把垃圾送回它的家，不能随手扔到地上。看着地上的奶袋，我怒不可遏。但我转念又想：这是上课时间，不能因为这个奶袋耽误了孩子们的学习。于是，我装作若无其事的样子继续讲课。距离下课还有五分钟的时候，这节课的任务也完成了，处理这件事的时机到了。

"走道上的奶袋是谁扔的？"我厉声问道。

只见孩子们面面相觑，谁也不肯站起来承认奶袋是自己扔的。"咱班儿喝奶的就六位同学，不喝奶的同学肯定不会扔。喝奶的六位同学站起来，这个奶袋肯定是你们其中一人扔的，谁扔的？"我声音提高了八度。

就这样僵持了大约两分钟，下课铃响了，但是这六位喝奶的同学谁也没承认。现在的孩子还真有"主意"，"不信我治不了你们"，我内心思忖着。"谁也不愿意承认，是吧？好！那你们六个喝奶的同学轮流把奶袋扔到垃圾箱里。"话音刚落，只见小明极不情愿地捡起地上的奶袋放回垃圾箱，然后又从垃圾箱拿出来放回原来的地方。后面的同学重复着上一位同学的动作，其余同学都睁大了眼睛，看着奶袋一会儿被扔进垃圾箱里，一会儿又被从垃圾箱里拿出来放回原地。

回到办公室，我把这件事说给了其他老师听，请其他老师帮忙出谋划策，势必找出这个扔奶袋的同学。"你一个一个地仔细观察，也可让孩子们相互观察，发现异常情况向你报告。""找一面他们没有见过的镜子，可以美其名曰'魔镜'，让喝奶的孩子都照一照，不敢照的那个肯定是扔奶袋的。""你干脆告诉孩子们,教室里有监控……"听着同事们的这些建议,我不免有些担忧,这些主意也许能奏效,可也会给孩子的心里造成一定的压力,互相揭发会使孩子们相互不信任,照"魔镜"会让扔奶袋的孩子惴惴不安。况且,刚才我对他们的惩罚,对于没乱扔奶袋的同学也不公平,我得想个万全之策。

"妈妈,我告诉你一个秘密,你不能告诉别人。"儿子边说边跑到我面前,贴着我的耳朵喃喃细语。

儿子的举动给了我启示,我可以用说悄悄话的方式解决"乱扔奶袋事件",真是山重水复疑无路,柳暗花明又一村。

事发后第二天,我准备和孩子们玩一个讲悄悄话的游戏——"朋友,我想告诉你一个秘密"。我对孩子们说:"孩子们,老师就是你们的大朋友,今天老师这个大朋友想和你们玩个讲悄悄话的游戏好不好?"话音刚落,教室里就像烧开的水一样沸腾起来。"太好了!我想和老师玩这个游戏……"这群可爱的孩子们忍不住欢呼雀跃起来,我不失时机地说道:"我们每个人都会犯错误,老师也会,如果大朋友做错了事,现在知道错了,很想改正错误,你们会原谅我吗?""会!""我也会!"孩子们回答得很真诚,眼看时机成熟了,我赶紧揭示游戏的主题——知错就改,并宣布游戏要求:"向自己最好的朋友说出心里的秘密,倾听的朋友要替他保守秘密,并且提醒他改正错误,悄悄话的游戏现在开始。"

一年级的孩子们是那么的可爱、天真、单纯,听到游戏开始,一些活泼的孩子早已离开了自己的座位,走到好朋友身边开始轻声细语起来,看着孩子们一个个从我身边走过,一种失落感油然而生。"孩子们能把秘密告诉我吗?会不会担心我批评他而不敢说?乱扔奶袋的孩子会主动来找我吗?万一没有人承认怎么办?"我忧心忡忡。这时,性格活泼开朗的小雨连蹦带跳地来到我面前,"小雨,你想和我交朋友对吗?"他不好意思地说:"大朋友,我告诉你一个秘密:有一次,我同桌小丽把我的铅笔碰到地上摔断了,我就悄悄把她的铅笔藏起来了。"我趁机引导:"小朋友,你一定知道该怎么做了吧?"他立刻飞奔回座位上,拿出一根铅笔还给小丽,还对小丽连声道歉："对不起。"我本以为小雨会让我替他保守这个秘密，没想到他能当场认错，我情不自禁地把他揽入怀中，边抚摸着他的头边说："你真是个勇敢的孩子。"不一会儿，又有几个孩子来承认自己的小错误，他们都得到了我的表扬。

"丁零零"下课了，可是那个乱扔奶袋的孩子始终没有出现，我想只要把这个游戏坚持下去，相信会有惊喜等着我。记得有天放学后，我正在关教室里的窗户，我看见一个平时不爱说话，性格比较内向的孩子，正在慢吞吞地整理书包。"小露，需要帮忙吗？"她低着头，不说话。我走到她身边，她红着脸说："宫老师，我也想告诉你一个秘密：那个奶袋是我扔的，你不要告诉别人行吗？"我心里长长地吁了一口气，经过三天漫长地等待，"乱扔奶袋事件"终于结案了。"你能敢于承认自己的错误，真了不起！以后要做一个讲卫生的孩子，好吗？"她使劲地点了点头。我笑了，她也笑了……

"孩子们，是谁乱扔的奶袋已经不重要了，重要的是这个孩子向我承认了错误，她是一个勇敢的孩子，大家掌声鼓励。在这里我也向六位喝奶的同学说一声：'对不起'，老师不应该罚你们每人扔一次奶袋。"我边说边向孩子们深深地鞠了一躬，此时教室里响起了雷鸣般的掌声……

孩子的成长需要我们用爱去呵护，尤其是孩子犯错时，更需要我们的爱心和耐心。掩卷反思，教育是一个等待的过程，而等待也是一个教育的过程，在等待中付出，必然能在等待中收获。在教育的漫漫长路上，让我们学会耐心等待，倾听花开的声音。

（宫丽丽）

第二节　彩虹总在风雨后

上完课,我刚要坐下准备第三课《桃花心木》的教学内容。门口响起了敲门声,我班的孔耀抹着眼泪走了进来,哽咽着对我说:"孔老师,我从来没有受过这样的委屈……"他的情绪异常激动,以至于我连他说的什么都没听清楚。

其实他是一个相对内向的男孩,平时十分注意遵守学校和班级规章制度,更可喜的是上学期学习成绩也有了较大的进步。看到他委屈的样子,我头脑中闪现的第一个念头——肯定是哪个淘气包课下欺负他了,便站起身来拍拍他的肩膀:"别哭!男子汉嘛,要坚强,什么事啊?老师给你做主。"

"我从来没有受过这样大的委屈!我妈妈也从来没有这样说过我……"听着他断断续续的哭诉,我渐渐明白了事情的来龙去脉。原来他昨天写完作业没放进书包里,今天忘记带,老师批评了他几句。他却认为自己已做完作业,老师怎么还责备他,况且这是他自己第一次忘记带作业,内心感到无比委屈。

我笑了笑,安抚了他一番,把他送出办公室。但"老师,我从来没有受过这样大的委屈!我妈妈也从来没有这样说过我……"这句话却在我的耳边萦绕。在当前"不准体罚、侮辱或变相体罚学生"的规定下,老师对自己言行是慎而又慎,在做教学常规性要求时,还要考虑一些非教学因素。与此同时,个别学生把"不准体罚、侮辱或变相体罚学生"作为法宝,在老师与家长面前"打擦边球",出现了追着个别学生要作业等非正常现象。

更让我揪心的是:现在孩子由于没有受过什么委屈,经受不住一点挫折。一旦出现与自己意志相悖的情况,心灵就会变得异常脆弱。面对如此脆弱的心灵,不得不说这是我们教育的缺陷,作为一名教育者,我感到十分痛心。

挫折教育以及培养孩子的自理能力和应变能力、教育孩子要有一个宽广胸怀这些更应当是社会、老师、家长们要正面面对和解决的问题。

在接下来《桃花心木》的备课中，种树人语重心长的话语："不只是树，人也是一样，在不确定中生活，能比较经得起生活的考验，会锻炼出一颗独立自主的心。在不确定中，深化了对环境的感受与情感的感知，就能学会把很少的养分转化为巨大的能量，努力生长。"不正是一次很好的教育契机。

课堂中我设计了两个小问题："同学们，树在它的成长过程中，会有哪些不确定因素呢？"

"水源、阳光、空气、土壤……"学生罗列了一大堆。苏潭同学又进一步补充："老师，树还可能会遭受台风、沙尘暴、泥石流等恶劣天气，它只能战胜这些不利因素，才能长成参天大树。"

"那人呢？比如说我们在成长过程中又会遇到哪些不确定因素呢？"

"批评、生病、父母失业、误解、挫折……"此时，只见孔耀同学满脸通红，把头低了下去。

"遇到困难不可怕，关键是我们应怎样去面对。要分析原因，勇敢面对困难，从困境中走出来。谁能笑到最后，谁才是最终的胜利者。"孔玥同学的发言赢得大家热烈的掌声。

"是啊，在生活中我们不免会遇到这样或那样的困难。困难不可怕，关键是我们对待困难的态度，是从此一蹶不振，还是认真总结、从头再来。比如有些同学挨了老师的批评，感到没面子、委屈，可是你又是否曾想过老师为什么要批评你呢？不要给自己过多的借口，要拿出你的实际行动！只有这样我们才能在不确定中茁壮成长。桃花心木只有经历风雨的考验，才能长成参天大树。我们只有经历风雨的洗礼，才能看到更加绚丽的彩虹，才能迎接更加辉煌的明天！"

此时，我又一次看了看孔耀同学，只见他抬起头，露出羞赧的笑脸。

（孔庆龙）

第三节 心之所向，皆是美好

教育，是一场向美而行的遇见，是一段温暖人心的修行。在这条充满挑战与希望的道路上，教育工作者心之所向的美好，如同一束光，照亮学生前行的方向。每一个学生都是独一无二的个体，怀揣着无限的可能，而老师的职责便是用爱与智慧，挖掘他们的潜力，引领他们走向美好的未来。

小时候我就对教师这个职业充满了美好的憧憬，觉得当老师很神圣，老师在我心中是神一般的存在，老师的话也如同圣旨一般。带着这种美好的愿望，2005年我也终于梦想成真，成了一名光荣的人民教师。带着对工作的满腔热情和期待，我全身心地投入到我的班级和学生中。虽然每天的工作烦琐又忙碌，但是我从来没有怨言，只因为我喜欢教师这个职业，爱我所爱，无怨无悔。

一、爱我所爱，无怨无悔

光阴似箭，日月如梭。作为语文老师兼班主任，我一直坚守在一线岗位上，不断学习积累教学管理经验，对待工作尽职尽责，不敢有一丝懈怠。带过的第一届学生已经大学毕业，有的已经走上工作岗位，甚至也做了教师，和我成了同行。带的第二届学生明年也即将奋战高考，面临人生的抉择。提起他们，我心里甚是欣慰，因为他们一直是我的骄傲和自豪，这可能是我作为教师最值得自豪的一点吧！

最近几年连续接了几届毕业班，虽然过程很是辛苦，但收获满满。每一届的毕业生都以优异的成绩升入初中，为他们的小学生涯画上圆满的句号。每当听到家长说幸亏遇到了您，才让我们对孩子的学习信心满满……我当时就感觉所有的付出都是值得的。升入初中的学生，在为中考而备战，有的挑灯苦读、有的弯道超车……家长、孩子时不时地给我发信息报喜，或者每逢春节都给我送上新年祝福……让我的生活时时刻刻充满着惊喜，孩子们的任何讯息都在牵动着我的思绪，我想这也许是我最期待的吧！

二、激发潜能，陪伴成长

记得当初新接手这个班级时，就有家长向我反映班级以前出现的种种问题。家长说归说，我却没有如临大敌，还是按照自己的办法把班里的问题逐一突破。

班里有一个叫小婉的女同学，之前上课经常不进教室，一有情绪就去操场溜达。自从我接手这个班级之后，她不往教室外面跑了。因为她的改变，学校领导还表扬我有办法，家长也高兴地向我表示感谢，我的成就感油然而生。可是好景不长，事情并没有像我想象的那么简单。过了没多久时间，问题开始暴露了。小婉同学的学习接受能力比较慢，往往跟不上老师的节奏，自己还急于求成。她一有情绪，就要发脾气，出现一连串让人无法接受的行为，比如撕作业卷子、不交作业、乱扔废纸甚至和同学一言不合就拿工具报复等。当这些问题出现后，我才意识到问题的严重性，单纯地批评说教，对她来说不太适用。

我再一次找家长详细地了解一下她的情况。听她妈妈说，孩子的父母离异，现在她一直和妈妈住在一起。由于长期想念爸爸，小婉的心情一直不太好，但现在比之前好了很多。听了孩子妈妈的话，我想，小婉之前所有的表现都可以理解了。于是，之后的一段时间，我换了一种沟通方式，试着走进孩子的内心。我经常找小婉到办公室来谈心："昨天你回家帮妈妈做什么家务了？你最近喜欢听什么儿歌？教教我呗？弟弟最近发生了哪些有趣的事……"她能与我滔滔不绝地聊很久。我还关注她的生活与情绪变化，及时与任课老师交流她上课的表现，出现问题及时解决。渐渐地，小婉的心情好多了，上课也比之前爱举手回答问题了。她的声音很好听，我经常让她领读，她变得越来越自信了。在我的鼓励下，她报名参加了学校里的朗诵比赛和校园小歌手比赛，都取得了优异的成绩，同学们也都对她刮目相看。在学校举办的大型晚会上,她的表演堪称完美,赢得了观众的阵阵掌声,她变得更加自信、更加阳光了。

三、包容引导,以爱育人

在班级管理中,难免会遇到一些行为习惯不好的学生。最初留意到小蒙,是因为他邋遢的外表,身上总是散发着异味,衣服也满是污渍,同学们不自觉地与他保持距离。经过深入了解后,我发现小蒙家庭比较特殊,父亲离异后又重组新的家庭,他和年迈的爷爷相依为命,学习上更是无人照管,他的状况要想改变比较棘手。

一次语文测验,小蒙只考了20分。望着试卷上那一个个刺眼的红叉,我深知不能坐视不管。放学后,我把小蒙单独留下。起初,他低着头,局促不安,以为要被批评。我轻轻握住他的手,温和地说:"小蒙,老师知道你学习上有些吃力,咱们一起想办法,好不好?"听到这些,他眼中闪过一丝诧异,随即用力地点点头。

为了帮小蒙提升成绩,我每天利用课余时间给他补习功课。从最基础的知识讲起,耐心地解答他的每一个问题。针对他不爱卫生的情况,我也没有直接批评。而是教给他最基本的卫生习惯:每天洗脸、刷牙,勤洗澡,更换干净衣服,我还送给他崭新的洗漱用品和干净衣服。小蒙讲卫生之后,整个人精神了许多,脸上也露出了久违的笑容。

在学习上,我为小蒙制订了详细的学习计划,每天监督他完成作业,给他讲一些学习的小窍门,让他慢慢爱上学习。同时,我还在班级里组织了学习小组,让成绩好的同学帮助他,大家一起学习、共同进步。为了让小蒙养成良好的学习习惯,我与他约定,每完成一个学习任务,就可以得到一个小贴纸,集满一定数量的贴纸就能兑换他喜欢的学习文具。

在生活方面,我定期去小蒙家里家访,和他的爷爷进行交流,教爷爷如何更好地照顾小蒙的生活起居,也叮嘱爷爷多关心他的学习。他的爷爷虽然年纪大了,但十分配合,每次都认真地听我讲,然后努力去做好我所讲的事情。

慢慢地，小蒙的变化越来越明显。他不仅养成了良好的卫生习惯，学习上也越来越主动。课堂上，他开始积极举手发言；课后，也能自觉完成作业，性格也变得开朗了许多。在期末考试中，小蒙的成绩有了大幅提升，从原来的20分提高到了60分。他的爷爷为了表示感谢，送给了我一面锦旗。那一天，我记得很清楚，老人眼里含着泪向我说："小蒙从小就没有了妈妈，他爸爸长期做生意无法陪伴孩子，只有我一人负责小蒙的生活起居，平时他都是上助学所，孩子极度缺乏父母的关爱和陪伴。您作为老师，真是像妈妈爱孩子一样关爱小蒙，孩子每次回家后心情都很好，说可喜欢您了，我真是从心里感激您……"没想到，我平时一些严格的要求，"特殊"的关爱在小蒙的心目中却变得如此重要，我也由衷地为他的进步而感到高兴。

作为班主任，我们不仅要传授知识，更要关注孩子们的心灵成长。每一个孩子都有无限的潜力，只要我们给予他们足够的耐心、关爱和信任，他们就能创造出意想不到的奇迹。

心之所向皆是美好，这不仅仅是一种教育理念，更是一种教育实践的指南。当我们心怀对学生的关爱与期待，关注他们的个体差异，用鼓励激发他们的潜能，以包容引导他们的行为时，我们就在为学生创造一个充满阳光与希望的成长环境。在这个过程中，我们不仅见证了学生的成长与进步，也实现了自己作为教育者的价值与意义。教育之路漫漫，让我们始终保持一颗向美之心，用爱与智慧书写更多美好的育人篇章，为培养德智体美劳全面发展的社会主义建设者和接班人贡献自己的力量。

（邱　惠）

第四节　始终不忘自己曾经是个孩子

《小王子》首页这样写道:"所有的大人曾经都是孩子,虽然,只有少数人记得。"如果说有一种职业最需要童心的话,那非教师莫属,更非小学班主任莫属。作为一名小学班主任,和孩子们打了十几年的交道,我认为最不可缺的就是拥有一颗童心。只有把自己变成小孩子,才能听懂小孩子的话语,明白小孩子做的事情,理解小孩子的心理,从而赢得小孩子的尊重。这二十年来,我不曾忘记自己是个孩子,一直用自己的最大努力,给孩子们一个快乐的童年,一个精神世界丰富的童年。同时,我也在他们的成长过程中,一次次感受着那金子般的童心。

一、为孩子擦亮日子

"平凡的池水,临照了夕阳,便成金海。"仪式感,让日子变得与众不同,给生命留下美好印记。在我所教的班级中,我总是充分利用每一个值得纪念的日子,和学生一起了解节日来历、风俗习惯,并与生活实际结合起来。比如在世界读书日我会在班里组织一次读书推荐会,同学们向大家介绍并推荐自己喜欢的书,点燃更多同学的读书热情。在母亲节的时候,我会让低年级的学生直接表达对妈妈的爱,高年级的学生可以送给妈妈一个小礼物,表达对母亲养育之恩的感谢。在儿童节的时候,我会让孩子们自编自导自演一出话剧,在一片欢声笑语中度过属于自己的节日。在春节的时候,我会让学生们从不同的方面寻找年味,在生活中了解我国的传统节日。

每当班里有学生生日时,我们就会以生日诗的形式来庆祝。以《我们想要的男孩》为例,"今天,你的生日 / 我们一起祝福 / 今天,你的生日 / 我们一起欢唱 / 今天,你的生日 / 我们一起度过 / 相信你是一个勇敢、担当、有责任心、有爱心 / 可以让人寄托以未来的人 / 相信你是一个大家想要的男孩 / 助人为乐、勇敢、担当 / 你会用自己的行动来证明自己！"通过童诗配上学生的照片的方式，同学们一下子就知道是哪位同学过生日，大家立刻欢呼起来。我先给孩子们读了一遍，又带领同学们一起读一遍。接着把小寿星叫到前面，全班同学一起把这首诗送给他，还唱起了生日歌。想必当时的小寿星会很感动，纵然平时和同学们有摩擦、有矛盾，但那一刻，每一个学生都发自内心地祝福他。每人都有自己专属的生日诗和满满的仪式，还会收到所有同学和家长的祝福，那必将会是一个难忘的时刻、一个幸福的时刻、一个闪亮的时刻。更重要的是，我们把生命和诗歌融为一体，把生活和诗歌融为一体，因为有了诗歌，生日变得更加浪漫与美好。

学生小时候的记忆里也许不记得学了什么知识，但一定记得举办了什么活动，他们当时的感受是什么。班主任要擦亮每一个日子，把美好的感受带到学生的内心，为他们丰盈的人生注入真善美的品质，打好精神的底子。

二、为孩子站对立场

小学高年级的学生，如果你问他们最怕什么，会有很多人会说害怕开家长会。因为到了高年级，家长对孩子的关注度逐渐降低，有的家长平时不怎么和老师联系，只有在开家长会时才会和老师见上一面。所以家长会很多时候变成了告状会，挨批评的同学回到家会有很严重的后果，以至于很多学生最怕在家长会上被老师点名批评。了解了学生的这一心理，在家长会召开之前，我先向同学们声明"三不原则"：不会点名批评，不会向家长告状，不只谈成绩。同学们听了，高呼"Yeah"，那一刻，学生们的心和我的心贴得很近，我也逐渐赢得了他们的信任。

三、为孩子珍惜岁月

童年，是一生中最美好的时光。我要让我的学生们在最好的时光里做最应该做的事情，那就是读书。每接管一个班级，我首先要做的，就是让家长和我达成共识，认识到阅读的重要性。开展亲子阅读、故事爸妈进课堂、读书笔记展览、"经味添海"等活动，带领一大批家长和学生加入到读书的队伍中。让阅读这颗种子，滋润学生的心灵，滋养幸福的家庭。

亲子阅读是我所带班级的保留项目，无论低年级还是高年级，我都会带动家长和孩子一起读书，我经常用《朗读手册》上的一段话启迪大家："你或许拥有无限的财富，一箱箱珠宝与一柜柜的黄金。但你永远不会比我富有，我有一位读书给我听的妈妈。"从绘本到文学著作，从中华优秀经典文化到外国作品，从读到写到谈，在不断的阅读中，亲子关系变得越来越好了，家庭教育质量提高了，学生的学习成绩也提上去了，老师当得也轻松了。

几年来，我带领孩子踏上了诗歌之旅，《春天的早晨》《被窝里的游戏》《吃栗子》《肥皂泡》《风筝》《上网》《我相信》《相思》《纸船》《星期六和星期天》等诗歌在孩子们口中不断吟诵着。如今，又开启了"农历的天空下"这个全新的板块，跟随二十四节气和古诗词，让孩子们踏上传统文化之旅。同时，推进了"梅花课程""落花课程""百花课程"这些新板块。孩子们在中华优秀传统文化的滋润下，越来越有君子之风。在与大自然的亲切接触中，孩子们会更加热爱大自然。相信岁月，相信种子。我们相信埋下阅读的种子，诗意的种子，终将收获丰盈的人生。

四、用心倾听无邪的童言

一年级的小朋友总会带来意外和惊喜，有时他们的表达更会让人哭笑不得。在一个春暖花开的早晨，我穿了一件民族风的衣服，外搭一个毛呢披肩，自己感觉很满意。走进教室，同学们哇声一片，"老师太漂亮了！""衣服真好看！"我心里想：现在的孩子啊，真会说话！不过这也符合一年级学生的特点，对老师的言行、穿着非常关注。正当我心里美滋滋的时候，浩宇同学喊了一句："老师，你披着个棉被，不热吗？"我听了，忍不住笑出声来，瞬间又觉得天气升温不少。这小子竟然把好看的披肩说成了棉被，真是服了他了，也只有他们才会有这样的想法。每个孩子都是上天派来的天使，我们要珍惜孩子们天真无邪、无所顾虑的童言童语。课堂上，小家伙们时不时爆出的爆笑话语，总会让我开怀大笑。

五、以孩子的心理去纠正习惯

低年级学生在学习上总有一个缺点就是"马虎"。临近期末考试，孩子们的"马虎症"越发严重，有写错字的、加错音的，还有落题不做的。为了尽快改正这个毛病，我打算和同学们来一场考试比赛，大家同做一张试卷，比比谁做得细心，正确率高。同学们一下子来了精神，个个表示要超过老师，说着就认真答起题来。我也坐在凳子上，挺直腰板，做出一决高下的样子，在我这里，一年级的题目考多少都在我的掌控之中。在一道连线题上，我故意落下两个没连，目的就是考考同学们的眼力，并告诉他们无论是谁，只有细心才会避免出错。考试结束后，到了对照答案的时候，我把我的试卷投影到屏幕上，供学生们检验并同时对照检查自己的试卷，大家都瞪着大眼睛，认真为我检查着。当他们看到连线题时，班里沸腾起来，"老师，你落题了！""哈哈，老师得扣分！"我沮丧着拍了下脑门说："唉，我真粗心啊，竟然落下两个题没连，同学们可千万别学老师啊！"此后，每次做题，就会有些同学嘟嚷着："我要细心，不要像老师一样马虎。"看着他们认真的样子，我心里偷着乐。

六、以孩子的心灵去感受幸福

苏霍姆林斯基曾经说："一个好的教师意味着什么？首先意味着他是这样的人：他热爱孩子，感到跟孩子交往是一种乐趣，相信每个孩子都能成为一个好人，善于跟他们交朋友，关心孩子的快乐和悲伤，理解孩子的心灵。"正是因为我总是站在学生的角度，了解学生的心理，处处为学生着想，才能成了一个受学生欢迎的老师。

每天早晨去学校，车棚处会有好多学生在等我的到来。看到我来，便如小鸟般飞奔过来，向我问好。下课了，会有小男生捏捏我胳膊，让我好好休息。在六一儿童节学生们也会给我祝福，"也祝老师儿童节快乐！""老师，祝你越来越漂亮！"同学们一声声的祝福让我好像年轻了十几岁。放假期间，当我收到"爱生如子，教学有方"的锦旗，那更是对我的信任和激励。望着孩子们清澈的眼睛，天真的笑脸，我忘却了焦躁、无奈、沮丧的坏情绪，心中满是做教师的幸福。

只有记得自己曾经是个孩子，才会把孩子当成孩子，而不仅仅是我们工作的对象，获得成功的工具。因为懂得，所以慈悲。请始终记得自己曾经是个孩子！

（刘 芬）

第五节 相信"相信"的力量

班内有个赵同学，因化解大班额分流到我们班。我发现他对学习提不起兴趣，爱做小动作，整天无精打采，是个不折不扣的待优生。据了解，家长给他找了家教，报了不少网课，可是收效不大。通过观察，我发现他做值日很卖力，手工制作做得很好，画的漫画也很生动，于是我便抓住他的闪光点，在班内大加表扬。同时与家长深入交流，扭转了家长在教育孩子上的一些认知偏差。现在赵同学担任班里的卫生小组长，每周数他小组的卫生打扫得最好，既干净又彻底，他的国画作品也被展示在墙报上。现在的他简直像换了一个人似的，目光灵动，上课专心听讲，一切都在向好的方向发展。

我在赵同学的学习方面暂时找不到突破口，那就给他安排点儿为班级服务的事情，让他有事做，能更好地融入集体，感受到自己的价值所在。小学生喜欢得到老师的表扬和鼓励，这对他们来说是一种荣誉，更能增强他们的勇气和力量。

"金无足赤，人无完人"，由于每个学生不同的家庭环境、社会环境、自身心理素质等方面的影响，学生存在着较大的差异，有的勤学守纪，有的厌学甚至做坏事。作为教师，要正视学生的差异，对于"问题学生"要从关爱的角度出发，对他们要晓之以理、动之以情，用人格力量去感化他们。

于是，我借鉴著名教育家魏书生的做法，平等对待学生，发现他们的闪光点，并大张旗鼓地表扬他们，让孩子找到自信。孩子有了自信，就不会太差。当学生犯错误时，班主任不能简单地认定是学生思想品德上有问题，也不能粗暴地训斥、打骂学生，更不能歧视他们，而要多关心，多理解，让学生感到温暖而内心有触动，有悔意，为教育引导打下基础。

通过近一年的努力，赵同学有了很大的转变，在家里变得乖巧了许多，对学习的自信心增强了，在课堂上也能积极举手发言了。他的学习兴趣明显比以前提高了许多，学习习惯也相应有所好转。有一次，赵同学亲自把自己的一幅作品送到办公室，他双手递上，郑重地对我说："老师，送给您！"我一看，画的几条小虾很生动，很活泼，看得出他非常用心地在做这件事。我一直把这幅画放在电脑旁边直到现在。

"一把钥匙开一把锁。"每一个学生的实际情况是不同的，必然要求班主任深入了解弄清学生的行为、习惯、爱好及其后进的原因，从而确定行之有效的对策，因材施教，正确引导学生。充分发挥相信的力量，寻找学生的闪光点，通过不同的途径给予学生在学习和思想上的帮助，让他感受到老师的关心、重视。用关爱唤起他的自信心、进取心，使之改正缺点，然后引导并激励他努力学习，成为品学兼优的学生。

（徐鸿鹏）

第六节 爱心点亮孩子成长的明灯

在教育的广袤田野上,我如同一名辛勤的耕耘者,满怀爱与责任,用心呵护着每一颗稚嫩的心灵。回忆儿时跟随父亲在田间耕作的场景,那土地在父亲的辛勤劳作下,洒满了希望的种子。如今,我站在三尺讲台上,班级便是我的那片土地,学生们则是将要茁壮成长的幼苗。新教师岗前培训的一些片段我依然记忆犹新:"教师应把培养自强少年当作己任",这句话当时如同一颗种子深埋在我的心间。自那以后,它生根发芽,成为我教书育人的信念与方向。

在那个阳光透过窗户洒满教室的上午,原本应该是一片宁静的学习氛围,却突然被一阵喧闹声打破:"孔老师,孔老师,大事不好啦,陈同学把英语老师气哭了!"呼喊声如同投入平静湖面的巨石,瞬间在班级里激起了千层浪。

陈同学是一名个头高高且壮实的男孩,从我接手新班级起,他就格外引人注目。他仿佛是班级里的一颗"不定时炸弹",随时都可能引爆。课堂上,当其他同学都在聚精会神地听讲时,陈同学却总是心不在焉。他一会儿摆弄手中的铅笔,一会儿偷偷和旁边的同学说话,那窃窃私语的声音在安静的教室里显得格外突兀。任课老师多次用眼神示意他,可他却依然我行我素,完全不顾及老师的感受和课堂纪律。

课下的他更是纪律涣散,如同脱缰的野马。他经常在走廊上大声喧哗,横冲直撞,引得其他同学纷纷侧目。有一次,几个同学正在小声地讨论问题,他却突然冲过去,打断他们的对话,还一副满不在乎的样子。同学们对他既生气又害怕,只能尽量避开他。而老师们对他也颇为无奈,他脾气急躁,时常顶撞老师。就像这次把英语老师气哭,据说只是因为英语老师提醒他要认真完成作业，他便不耐烦地顶嘴，而且言语中充满了对老师的不敬。英语老师又气又委屈，泪水在眼眶中直打转。其他老师看到这种情况，纷纷摇头叹气，不知道该拿这个"问题学生"怎么办。

我得知情况后，强忍着心中的怒火，没有当场发作，而是在课后把陈同学叫到了办公室。他站在那里，眼神中带着一丝倔强和不安。我轻声对他说："陈同学，老师知道你很聪明，只是还没有找到努力的方向。如果你能把这份聪明用在学习上，一定会有很大的进步。"他低头不语，但我能感觉到这番话触动了他的内心。办公室里的其他老师也都看着他，眼神中既有责备，又有期待。大家都在期待着这个男孩的转变。

然而，在接下来的日子里，陈同学并没有太大的改变。他依旧在课堂上调皮捣蛋，课下惹是生非。我开始反思自己的教育方法，是不是太过温和了？我决定换一种教育方式。

一次偶然的邂逅，如同命运悄然开启的一扇窗。那天，阳光热烈地洒在操场上，体育课的喧闹声此起彼伏。我不经意间路过篮球场，目光瞬间被一个身影牢牢吸引，那是陈同学。他在球场上奔跑、跳跃，全情投入的模样仿佛与周围的世界隔绝。他的眼神紧紧盯着篮球，每一次运球、传球、投篮都充满了力量与专注。那一刻，我仿佛看到了他内心深处那团炽热的火焰，被他人认可的渴望如同夜晚闪耀的星星在他眼中闪烁。

我决定抓住这个契机，从他热爱的篮球入手。课后，我主动找到陈同学。他一开始有些惊讶，眼神中带着警惕。我微笑着说："陈同学，我看你篮球打得很棒呀！是不是很喜欢篮球呢？"他微微一愣，随后有些羞涩地低下头，轻轻点了点头。我接着说："那你跟老师讲讲，你为什么这么喜欢篮球呢？"他犹豫了一下，然后缓缓开口："篮球让我觉得很自由，在球场上，我可以忘记很多烦恼。"从那以后，我们的交流渐渐多了起来，关系也不再像之前那般紧张。

不久，学校组织了篮球比赛，我第一时间鼓励陈同学参加。他的眼神中既有兴奋又有犹豫。我拍拍他的肩膀说："相信自己，你一定可以的！"在课余时间，我陪着他一起训练。烈日下，他挥汗如雨，每一次的奔跑、每一个动作都带着坚毅。我在一旁为他加油鼓劲:"陈同学,步伐再快一点!注意防守!"他咬着牙,努力地提升自己。

比赛那天,陈同学如同一位英勇的战士踏上战场。他在球场上尽情挥洒汗水,那矫健的身姿如同一头猎豹,充满了力量与速度。他的眼神专注而坚定,仿佛整个世界都只剩下他和那颗篮球。然而,意外突然降临。在一次激烈的争抢中,他摔倒在地,膝盖擦破了皮,鲜血瞬间渗了出来。我心里一紧,急忙跑过去。他咬着牙,想要站起来继续比赛。我心疼地说:"陈同学,先别打了,处理一下伤口。"他却倔强地说:"老师,我没事,我能行!"我坚决地把他拉到一旁,为他处理伤口。他看着我,眼中闪过一丝感动。那一刻,我能感觉到我们之间的距离又近了一步。

从那以后,我趁热打铁。班会课上,我微笑着对陈同学说:"陈同学,来首《好运来》怎么样?"他有些惊讶,但很快就露出了笑容。音乐响起,他滑稽又搞笑的样子让人忍俊不禁。课下领东西、送资料的时候,我也会带着他在各个办公室穿梭。有一次,我把一份文件交给他,说:"陈同学,把这份重要的文件送到教务处,能完成任务吗?"他郑重地接过文件,眼神中充满了责任感,说:"老师,放心吧!"然后一路小跑着去教务处。回来后,他兴奋地对我说:"老师,我完成任务了!"那自豪的神情让人欣慰。

班级调整座次时,陈同学化身"陈总",积极地整理桌椅板凳。他大声地指挥着同学们摆放桌椅,那认真负责的样子让人刮目相看。"这边再挪一点!""那个桌子对齐!"同学们也都积极配合他。我看着他,心中满是喜悦。在这一次次的互动中,师生关系变得越发融洽,仿佛春天里绽放的花朵,充满了温暖与希望。

但好景不长,没过多久陈同学的坏习惯又开始出现反复。他在课堂上又开始走神,写作业也变得马虎起来。我感到非常失望,甚至有些气馁。我不禁问自己,难道我的努力都白费了吗?在这个迷茫的时刻,我想起了父亲在田间耕作的场景。父亲从不因为一次的失败而放弃,他总是默默地耕耘,等待着收获的那一刻。我意识到,教育是一种慢艺术,不能急于求成。

于是,我再次找陈同学谈话。我没有批评他,而是和他一起回顾了他这段时间的努力和进步。我告诉他,我相信他有能力做得更好,只要他能坚持下去。他默默地听着,眼中闪烁着泪花。

从那以后,陈同学真的改变了。他开始认真完成作业,上课也专注起来。课堂上,他成了我的小助手,充当"模特"模拟场景,在学与玩中,他爱上了学习。那个学期末的考试上他取得了优异的成绩。

回顾这一路走来的历程,有汗水,有泪水,更有满满的收获。我感恩儿时的经历,让我懂得了耕耘的意义;感恩培训老师的那句话,让我明确了育人的方向;感恩陈同学,他让我体会到了教育的价值。

未来的日子里,我将继续用爱与坚守,为学生们点亮成长的明灯。无论遇到多少困难和挑战,我都将如父亲那坚韧的身影,在风雨中屹立,守护着这片教育的田野,期待着每一朵花儿都能绽放出属于自己的美丽。陈同学的故事也让我明白,每个孩子都有自己的闪光点,只要我们用心去发现,用爱去引导,他们都能在成长的道路上绽放出绚烂的光芒。

(孔 振)

第七节　做一个擦亮星星的人

> 总得有人去擦亮星星，它们看起来灰蒙蒙。总得有人去擦亮星星，因为那些八哥、海鸥和老鹰，都抱怨星星又旧又生锈，想要个新的我们没有，所以还是带上水桶和抹布，总得有人去擦亮星星。
>
> ——谢尔·希尔弗斯坦

丰子恺先生说："我的孩子们！我憧憬于你们的生活，每天不止一次！"和孩子们在一起，仿佛自己也是个孩子。每一个孩子都是一颗星星，而作为教师，就是那擦亮千万颗星星的人。

一、慢慢擦亮，绽放光芒

爱是教育永恒的主题。给学生内心真正需要的爱，是我教育生涯中永恒的主题。

在学习拼音时，善美同学一回答问题就哭，拼音的四声连在一起她会读，单拿出一个就怎么也读不对。有时候"开火车"轮到她，可能是怕自己读错，她几乎从不张嘴。有的同学就会冷嘲热讽地说："这都不会。"她的眼泪就会噼里啪啦地掉下来。我告诉学生们，同学学习遇到困难的时候，应该主动帮助他，而不是取笑他。

下课后，我找到善美，想多教教她，她把字母读得很大声，脸都涨红了。但由于掌握不了发音要领，她急得眼泪都夺眶而出。我摸了摸她的头，温柔地说："慢慢来，善美，你可以的！"接着我耐心地告诉她发音技巧：放慢速度，看清嘴型的变化，注意发音时舌位高低的变化。

父母是孩子的第一任老师，家庭教育具有学校教育不可替代的作用。家长要给孩子帮助、支持和鼓励。所以针对善美的情况，我及时联系她的家长，让家长在家里多辅导她的拼音，让她在家多拼、多读，慢慢帮助孩子树立自信。

虽然善美的拼音学得很慢，但她一直都很努力。每一节课都能看到她专注的眼神，都会听到她写完作业后自主练习拼读的声音。这时，我会投去鼓励的眼神，送出赞扬的大拇指，在全班同学面前表扬她的努力。

慢慢地，善美再也不哭了，学习也渐渐能跟上大家的步伐。她课上回答问题也越来越积极了，一点儿也不扭捏，声音响亮而坚定。在学完《卖火柴的小女孩》后，我问："同学们，你们想对卖火柴的小女孩说些什么？"

很多同学都在沉思，好像没有人愿意做第一个吃螃蟹的人。这时善美举手了，她大声地说："我要把我的新衣服、新鞋子送给她，让她感受到温暖！"教室里响起了真诚而热烈的掌声！

这还是那个一回答问题就哭的善美吗？不，她现在变成了一个自信且大方的小姑娘，一颗闪闪发光的小星星。看到善美的成长，我更加坚信自己的信念：我要当人梯，搭建学生成功的桥梁；当蜡烛，照亮孩子前行的道路。

班里像善美这样慢慢在改变的孩子还有很多，我知道他们早晚有一天会完成华丽的蜕变，所以我愿意用爱去擦亮每一颗小星星。

二、各自灿烂，星光熠熠

重视培养学生的集体观念，建设好班集体，在良好的班集体氛围中教育教学，可以让班级管理进入良性循环之中。

自从接手2020级学生以来，我和孩子们共同经历了排元旦节目、合唱比赛、演讲比赛、"六一"文艺会演等多次活动。记得有年读书月活动，我上午去听课，没有时间组织孩子们再次排练节目。紧接着，下午，学校读书月活动总结汇报就要进行展演。在排练班级诵读《中国话》时，孩子们总是嫌弃要背诵的词太多，害怕记不住。于是，我就把需要齐诵的长内容写到黑板上，利用每节课前背诵《大学》、等待上课老师的时间段，由班长带头强化记忆。

临近上台前,我看见班里领诵的四个孩子,在一起不断地练习衔接内容,其他的孩子也互相提醒:"一会上台不要乱动""大点声"。我的内心一阵窃喜,孩子们真是成长了。

上台后,《我爱你中国》的背景音乐响起,有个学生紧张地看向我,我知道她内心在数数。因为她告诉我:"老师,我们才开始排练的时候您就是帮我数着数字告诉我什么时候开始读。"果然在数到第28个数的时候,她大声地读出:"有一种语言……"

台上的诵读是我们排练这么久以来最好的一次,孩子们相互鼓励,相互提醒,让《中国话》完美地呈现到大舞台上。

教育家苏霍姆林斯基说过:一个少年,只有当他学会了不仅仔细地研究周围世界,而且仔细地研究自己本身的时候;只有当他不仅努力认识周围事物和现象,而且努力认识自己的内心世界的时候;只有当他的精神力量用来使自己变得更好、更完善的时候,他才能成为一个真正的人。这便是我们教育工作者育人的方向。我在帮助一个学生的时候,也兼顾加强学生们的集体荣誉感,启发学生作为班集体一员的自我教育。

所以在诵读活动中,他们不再关注奖励,更多关注努力的过程。慢慢地,孩子们对待班上的各项事情无比积极,我们班每次都能在学校各项比赛中得到奖状。在学习方面,他们也毫不逊色,总能看到一些同学你追我赶,抱团学习的场景,令人欣慰。

三、用光照亮"特别"的星

教育不仅是传授知识,更是要发现每个孩子的独特光芒。班里有个叫小宇的男孩,性格孤僻,总爱躲在教室角落。他很少与人交流,作业本上常是歪歪扭扭的字迹,有时甚至是画满杂乱的线条。有同学悄悄告诉我:"老师,小宇上课总撕纸片,还扔到别人桌上。"

我决定先走近他。一次课间,我坐在他身边,发现他正用彩笔在纸上涂鸦——那是一艘造型奇特的飞船,线条虽凌乱,却充满想象力。我轻声问:

"小宇，能和我讲讲你的画吗？"他猛地缩回手，眼神警惕。我笑着指向飞船的尾部："这里像火焰，是要飞向太空吗？"他愣了一下，点点头，紧绷的肩膀渐渐放松。

第二天，我送他一本空白画册："你画得很有创意，以后可以把你的画画在这里，每周和我分享一次，好吗？"他接过画册，手指摩挲封面，露出了腼腆的微笑。

然而改变并非是一蹴而就的。有次数学课上，他突然尖叫着推翻课桌，课本散落一地。其他孩子吓得不知所措，我快步上前，发现他正死死攥着被撕破的画纸——那是他花三天完成的"星际大战"。原来，是因为他同桌无意中碰倒了水杯导致画册被浸湿了。

我没有责备他，而是蹲下身，一片片捡起湿透的纸片："飞船的翅膀还能看清楚呢，我们把它晾干，再重新修补，就像宇航员修复太空站一样，好不好？"他抽泣着点头。课后，我和他一起用胶带黏合画纸，在上面添上新的色彩。破损处被画成陨石撞击的痕迹，反而让画面更有冲击感。

渐渐地，我发现了他的"信号"：捏衣角表示焦虑，转铅笔代表专注，画星星时眼睛会发亮。我与家长沟通，得知他从小对声音敏感，习惯用画画表达自己的情绪。于是，我在班里开设"故事画展"，让小宇担任"美术顾问"，教同学们用图画续编童话；课堂提问时，允许他用画板代替口头回答。

半年后的儿童节，他主动报名参加班级话剧《小王子》。当他把亲手绘制的星球背景搬上舞台时，全场响起惊叹声。谢幕时，他紧紧抓着我的手，第一次大声说："老师，我的星星是贴在最高处的那颗！"

苏霍姆林斯基曾说："每个孩子都是一个完全特殊的、独一无二的世界。"小宇让我懂得，有些星星需要在不同的角度才能看见它的光芒。作为教师，我们不仅要擦去尘埃，更要学会调整自己的目光。

师者匠心，止于至善；师者如光，微以致远。教育是一场幸福的遇见，亦是一场爱与被爱的旅行。无论是善美的拼音蜕变，班集体的星光璀璨，还是小宇的独特绽放，都在提醒我：每个孩子都值得被看见、被理解、被珍视。

在无数个晨昏交替中,我依旧带着水桶和抹布,仰望那片属于孩子们的星空。有的星星明亮如炬,有的暂时蒙尘,有的需要借一束特别的光——但我知道,只要用心擦拭,每颗星星终会找到自己的轨道,在苍穹留下自己的痕迹。

一辈子做老师,一辈子学做老师。手持微光,步履不停,这便是擦亮星星的人最幸福的使命。

(赵 苗)

第八节　以优带困，共绘成长画卷

在这个充满活力与希望的小学三年级教室里，每一寸空间都弥漫着知识的芬芳和成长的喜悦。作为这个班级的语文老师，我有幸见证了一段温馨且鼓舞人心的"以优带困"的育人故事，这段经历不仅深刻影响了主角——两位学生的命运，也在我心中留下了永恒的印记，成为我教育生涯中一颗璀璨的明珠。

故事的主角是班上的两位学生——姝童和紫晨。姝童，一个才华横溢、热爱语文的孩子，她的眼睛里总是闪烁着对世界的好奇和对知识的渴望。她的作文如同一幅幅绚丽的画卷，充满了奇思妙想，每一次阅读她的作品，都仿佛是一次心灵的旅行。她对于文字的敏感，对于意境的捕捉，总是能让她的文章脱颖而出，成为班级里的范文。而她的阅读理解能力更是超乎常人，无论是复杂的叙事还是深奥的哲理，她都能迅速把握主旨，提炼出精髓。

相比之下，紫晨则显得有些不同。她性格开朗，乐于助人，是班级里的小太阳，但在学习上却遇到了瓶颈。尤其在语文阅读理解和写作上，她时常感到困惑和挫败。每当看到她在课堂上眉头紧锁，努力想要跟上大家的节奏时，我的心里总是充满了心疼和担忧。我知道，对于紫晨来说，她需要的不仅仅是知识的灌输，更是方法的引导和心灵的鼓励。

一、以优带困，创新教育方法

面对这样的情况，我深知，单纯依靠教师的讲解和辅导，可能难以彻底改变紫晨的现状。于是，我决定尝试一种全新的教学方法——"以优带困"。这个方法的核心理念是，通过优秀学生的帮助和指导，让学习上有困难的学生找到新的学习方法和方向，同时，也让优秀学生在实践中锻炼自己的能力，实现双赢。

在众多的优秀学生中，我选择了姝童作为紫晨的"小老师"。姝童不仅学习成绩优异，更重要的是，她乐于助人，有着一颗善良而温暖的心。我相信，她能够成为紫晨成长道路上的良师益友。

起初，我对这一安排持谨慎乐观的态度。毕竟，孩子们能否真正投入到这种互助学习中，还是一个未知数。我担心姝童会因为帮助紫晨而耽误自己的学习，也担心紫晨会因为自尊心作祟而不愿意接受姝童的帮助。然而，事实却证明了我的担忧是多余的。

二、互助学习，从困惑到自信

姝童，这个平时就乐于助人的孩子，在帮助紫晨上更是充满了热情和耐心。她不仅每天陪紫晨一起复习课文，还利用课余时间，为她量身定制了一套学习计划。从基础的字词积累到复杂的阅读理解，再到写作技巧的提升，姝童都一一进行了详细的讲解和示范。她教紫晨如何有效阅读，如何从文章中提取关键信息，甚至如何运用修辞手法，让文章更加生动。每当紫晨遇到困难，姝童总是耐心地引导她，鼓励她多思考，而不是直接告诉她答案。这样的教学方式，既锻炼了紫晨的思维能力，又让她在解决问题的过程中感受到了成功的喜悦。

在姝童的帮助下，紫晨的变化悄然发生。她开始对语文学习产生了浓厚的兴趣，不再像以前那样畏惧和逃避。她的阅读理解能力显著提升，能够迅速抓住文章的主旨和要点。她的写作也变得流畅而富有情感，能够用文字表达出自己的内心世界。更重要的是，她变得更加自信和开朗，在课堂上的参与度大大提高，与同学们的关系也更加融洽。她不再是一个孤独的学习者，她成为班级里一颗耀眼的明星。

三、学会合作，共同成长

姝童在这个过程中，也收获了宝贵的成长。她学会了如何更好地与同学合作，如何在团队中发挥自己的优势，同时也体会到了帮助他人带来的满足感和成就感。她不再是一个只关注自己成绩的学生，而是成了一个有着社会责任感和集体荣誉感的人。她的责任感和领导力得到了锻炼，她变得更加成熟和稳重，成了班级里的领袖人物。

姝童在帮助紫晨的过程中，不仅巩固了自己的知识，还学会了如何传授知识和与人沟通。她懂得了耐心和同理心的重要性，学会了如何站在他人的角度思考问题，这为她未来的学习和生活打下了坚实的基础。

在她们的影响下，同学们学会了互助合作，懂得了如何与他人沟通、如何协调不同意见、如何共同解决问题。这些技能不仅对他们当前的学习有帮助，更对他们未来的生活和职业发展有着重要的意义。通过小组合作，学生们学会了倾听他人的意见，学会了在团队中发挥自己的优势，同时也学会了接受他人的帮助和支持。

这种互助合作的学习方式不仅提高了学生的学习效率，还培养了他们的责任感和集体荣誉感。学生们意识到，他们的成功不仅仅是个人的努力，更是团队合作的结果。他们学会了在团队中相互支持、相互鼓励，共同面对困难和挑战。

四、分享感恩，改善氛围

随着时间的推移，"以优带困"在我们班级里逐渐推广开来。更多的优秀学生开始主动帮助学习上有困难的同学，而学习上有困难的同学也在这种互助合作的环境中找到了自己的位置和价值。班级整体学习氛围得到了显著的改善，学生们相互激励、共同进步，形成了一个积极向上、充满正能量的学习集体。

在一个阳光明媚的下午，我们班举行了一次特别的分享会。这次分享会的主题是"成长与感恩"，而主角正是紫晨和姝童。紫晨站在讲台上，用她充满自信的声音，分享了自己这段时间以来的学习经历和心路历程。她感谢姝童的耐心指导和无私帮助，让她在语文学习上取得了长足的进步。她也表达了自己对语文学习的热爱和未来的期待，希望能够继续在这个领域里探索和成长。姝童则在一旁微笑着,眼中闪烁着自豪和欣慰的光芒。她感谢紫晨给了她一个锻炼自己、帮助他人的机会。她也表达了自己对教育的热爱和对未来的憧憬,希望未来能够成为一名优秀的教师,用爱和智慧去点亮更多孩子的心灵。

那一刻,我看到了教育的力量,看到了孩子们之间真挚的友谊,也看到了"以优带困"教学方法所带来的积极变化。这段经历让我更加坚信,每个孩子都有无限的潜力,只要我们给予他们足够的关爱和引导,他们就能绽放出属于自己的光彩。

作为教师,我们的职责不仅仅是传授知识,更要引导学生发现自我、认识世界、创造未来。我们要用爱和智慧去启迪学生的心灵,让他们在阅读中感受知识的魅力,在写作中表达内心的情感,在思考中探索世界的奥秘。

五、结语

"以优带困"的策略如同一股清泉,滋养着每一位学生的心田。它让优秀者与困难者在相互扶持中共同成长,不仅提高了学生的学习成绩,更培养了他们的团队合作精神和集体荣誉感。在这个互助合作的环境中,学生们学会了相互尊重、相互理解、相互支持,形成了一种积极向上的学习氛围。这种氛围的营造,不仅有利于提高学生的学业成绩,更有助于提高他们的综合素质和培养个人的人格魅力。

这段美好的育人故事,也将成为我教育生涯中一段难忘的回忆。它时刻提醒着我,教育的真谛在于点燃心灵的火花,让每个孩子都能在爱与智慧的滋养下茁壮成长。作为教师,我们应该时刻关注学生的需求和心理状态,用爱和智慧去引导他们成长。

在未来的教育道路上,我将继续秉持"以优带困"的教学理念,让更多的学生受益于这种互助合作的学习方式。我相信,只要我们用心去关爱每一个学生,用智慧去启迪他们的心灵,就一定能够培养出更多优秀的人才,为社会的进步和发展贡献我们的力量。

同时,我也希望这段故事能够给更多的教育工作者带来启示和借鉴。让我们共同努力，为孩子们创造一个更加美好的学习环境，让他们在互助合作中共同成长，描绘出属于自己的精彩画卷。在这个过程中，我们不仅要关注学生的学业成绩，更要关注他们的心理健康和人格成长。我们要用爱和智慧去呵护每一个孩子的心灵，让他们在阳光下茁壮成长，成为社会的栋梁之材。

（蒋梅霞）

第九节　烟卡之悟，成长之路

在五年级三班的教室里，每天都上演着不同的故事。作为班主任，我见证着孩子们的成长与变化。其中，小 A 和烟卡的故事，给我留下了深刻的印象，也让我对班主任工作有了更深的感悟。

一、烟卡引发的思考

那是一个普通的日子，午休时，我像往常一样在教室里巡视。突然，我发现小 A 的桌洞里放着一叠烟卡。我走过去，轻轻拿起那一叠烟卡，小 A 的脸色瞬间变得通红。"小 A，这是怎么回事？"我轻声问道。小 A 低着头，不敢看我，小声说："老师，我知道错了，我以后再也不玩了。"

看着小 A 愧疚的样子，我内心一软。我知道，对于这个年龄的孩子来说，诱惑无处不在。我决定相信小 A，将烟卡还给了他，告诫他不许再玩，并相信他能够遵守自己的承诺。

班长告诉我，小 A 的爸爸不吸烟，但他却高价购买烟卡。班里也有其他同学买烟卡、玩烟卡，虽然没有带入校园，但放学后有的同学约好在小区里一起玩。我以此为契机，在班会上与同学们开展了一次关于沉迷不良游戏与过度消费的讨论。我讲述了作为小学生不能沉迷烟卡游戏和过度消费的原因，剖析了玩物丧志的危害。孩子们专注地倾听，那一刻，我仿佛看到了他们心中那团明理向上的火焰。"同学们，我们作为小学生，不能盲目跟风，沉迷毫无意义的烟卡游戏，更不能玩物丧志。同时，我们也要学会克制自己的欲望，不能被一些毫无意义的东西所迷惑。大家说说，我们应该怎么做呢？"我引导着同学们思考。同学们各抒己见，有的说要把时间和精力放在学习上；有的说要多参加自己喜欢且又有益的活动，不要沉迷烟卡；还有的说要体谅父母的辛苦,学会节约,不能乱买东西……班会结束后,同学们都明确表示不会再玩烟卡,也不会再购买烟卡。

二、再次发现烟卡

然而,事情并没有那么简单。一周后,同学们在小A的书包里再次发现了烟卡。我的心里涌起了一股失望的情绪,但我很快冷静下来,思考该如何处理这个问题。我知道,责备不是解决问题的办法,于是我耐心地与他交流。我把小A叫到办公室,让他坐下。小A紧张地看着我,眼里满是不安。"小A,还记得你上周的承诺吗?"我问道。小A低下头,小声地说:"老师,我不应该说话不算数。"我看着小A,心中泛起担忧。我知道,这个孩子并不是故意要违背承诺,他只是还没有足够的自制力。我决定再次给他一次机会。

"小A,老师相信你是一个诚实的孩子,但是,言出必行是非常重要的品质。你既然承诺了不再玩烟卡,就应该努力做到。"我语重心长地说。小A抬起头,看着我,眼里闪烁着泪光。"老师,我一定会做到的。我以后再也不玩烟卡了。"

三、班会的延续

为了让同学们更加深刻地认识到"言出必行"与"君子有所为有所不为"的道理,我决定再次召开班会。在班会上,我给同学们讲述了许多关于诚信和自律的故事,让他们明白,一个人良好的品质比任何东西都重要。"同学们,我们生活在一个充满诱惑的世界里。但是,我们要学会分辨是非,知道什么该做,什么不该做。君子有所为有所不为,我们要做一个有原则、有底线的人。"我说道。

同学们听得很认真,纷纷发表自己的看法。有的同学说,以后要学会控制自己,不盲目跟风;有的同学说,要诚实守信,说到做到;还有的同学说,要珍惜时间,努力学习,不把时间浪费在毫无意义的事情上。看着同学们认真的样子,我满是欣慰。我知道,这次班会对他们来说是一次深刻的思想品德教育。

四、运动带来改变

为了减少同学们休息时间对毫无意义事物的关注,丰富下午大课间的活动内容,我提议大家在大课间打羽毛球或跳绳,回家也可以与家人一起运动。我也参与其中,同学们都兴奋不已。从那以后,下午的大课间,操场上都充满了同学们的欢声笑语。他们尽情地奔跑、跳跃,享受着运动带来的快乐。小A也积极地参与运动,他的脸上洋溢着灿烂的笑容。随着时间的推移,我发现烟卡再也没有在教室出现,偶尔我主动询问,同学们也脱口而出:"早不玩啦。"他们把更多的时间和精力放在了学习和运动上。我心里暗暗高兴,努力终于有了成效。

五、感悟育人真谛

通过这件事情,我深刻地领悟到,作为一名班主任,要与学生多交流,不能出现问题就直接责备。责备往往只会让学生产生抵触情绪,理解才是打开学生心灵之门的钥匙。小学生正处于成长阶段,他们的行为和想法可能会有些幼稚和不成熟。班主任要站在他们的角度去理解他们,感受他们的喜怒哀乐,及时了解学生动态,给他们足够的成长空间。当学生出现问题时,我们要多想办法,努力寻找解决问题的最佳途径。

每个孩子都是独一无二的,他们都有自己的优点和不足。我们不能用统一的标准来衡量他们,而要因材施教,根据他们的特点进行教育。在教育的过程中,更要充满爱心和耐心,用我们的真心去感染他们,让学生感受到老师的关爱和期望。

同时,我们也要注重培养学生的品德和素养,让他们明白什么是对,什么是错,什么是该做的,什么是不该做的。只有这样,他们才能在成长的道路上走得更远,飞得更高。

在未来的日子里,我将继续用爱与理解陪伴孩子们一起成长。我相信,只要我们用心去教育,每一个孩子都能绽放出属于自己的光彩。

(孔 菁)

第十节 用爱滋养孩子的心灵

一花一草皆生命，一桃一李亦芬芳。在教育的这片沃土上，每个孩子都是一朵会开的花，或迟或早，或短或长。作为班主任，我们会遇到形形色色的学生，需要我们用更多的爱和耐心去陪伴每一个学生成长。

2022年，我接手了四年级的一个班级，班里有个叫涵涵的同学。她活泼可爱，聪明好学。可是，她经常和同学们发生矛盾，班里的同学都不喜欢她。我们的成长故事就这样开始了。

一个星期五的下午，洋洋同学沮丧地说："老师，我的彩纸不见了，是妈妈刚刚给我买的，不知道被谁偷走了。"我想：一包彩纸谁会偷啊。班里的孩子家庭条件都不错，肯定是他忘记放哪里了。我就说："妈妈给你买的漂亮彩纸丢了，你很难过是吧？你好好想想放哪里了？要不你再仔细检查一下你的书包、桌洞和橱柜？"我就和他一起来到教室，仔仔细细检查了一遍，也没有发现。这时，上课铃声响了，同学们陆续回到教室，我和颜悦色地说："大家有没有看见洋洋的彩纸？请大家检查一下各自的书包和桌洞。"同学们异口同声地说："没有！"难道彩纸不翼而飞了？这时候，同学们都七嘴八舌起来："老师，最近我的墨囊也被偷了；老师，我的钢笔不见了；老师……"根据同学们的反映，我决定查个水落石出！在跟洋洋详细了解彩纸模样的时候，他发现第一排涵涵的彩纸和他的类似，涵涵还大方地表示可以借给他用。我就趁机问涵涵："你的彩纸从哪里买的？"她说中午放学时，妈妈给她买的。班级里另外一位同学为她作证，但只是听涵涵说过妈妈买彩纸的这件事，却没亲眼见过。对于涵涵的为人处事，我在接手这个班级的时候，已有耳闻。此刻，我脑中飘过一丝怀疑，但看涵涵的表情镇定自若，也不像是她拿的。我严肃地表示："咱们班的同学经常丢东西，看来不是其他班级同学所为。是谁拿了别人的东西，请你下课后到办公室告诉我或者给我写个纸条也可以。如果不主动承认，等老师查出来，后果就严重了！"我就在办公室耐心地等待着，可直到放学也没有人来找我。

我决定主动出击。晚上，我给涵涵妈妈打了一个电话，了解孩子的情况。家长说，下午放学接涵涵没有什么不一样的地方，还和小伙伴一起玩呢。难道我怀疑错了？我又向家长咨询买彩纸的事情，但家长的答案与涵涵的截然不同，我也猜得八九不离十，就把事情的经过告诉了家长，并请家长先观察孩子的表现，不要着急点破这件事。大约晚上10点，涵涵妈妈给我打电话，涵涵主动交代了彩纸的事情，她看见洋洋的彩纸好看，正好教室没有人，她就顺手牵羊把彩纸据为己有。涵涵妈妈既惊讶又气愤，我安慰家长，答应第二天约时间处理。

第二天上午9点，我们约在学校见面，涵涵妈妈见到我一直给我道歉，涵涵也低着头，直流眼泪，我知道她已经认识到错误了。通过和家长的交谈，了解到涵涵因性格外向、好动，和同学们玩总是以自我为中心，发生摩擦是家常便饭，她有时甚至还动手打人。同学的家长也经常找涵涵妈妈告状，所以涵涵妈妈很生气，涵涵一和同学发生矛盾，家长就打她，周末也不允许她和同学一起玩，家长认为这样就可以隔绝矛盾。但事与愿违，她在学校欺负同桌，经常和男同学发生口角之争，课堂上做小动作、说话，老师们对她也有意见。我轻声问涵涵："昨天同学们说他们丢的东西，是你拿的吗？"她点点头，承认了。我心平气和地说："未经别人允许，随意拿别人东西是一种不诚实、可耻的行为，不属于自己的东西我们就坚决不能拿。没有人会欣赏这种不诚实的人。"她看着我点点头。我顺势告诉她："老师觉得谁都会犯错，但是只要改正了就是了不起的，是可以被原谅的，我相信你可以，你是个好孩子。接下来你觉得应该怎么办呢？"涵涵伤心地哭着，很自责地一直向我道歉。在不断地安抚之下，涵涵的情绪渐渐缓和下来，也能好好说话了。她告诉我以后不会再这样了，请我一定要原谅她，希望我可以喜欢她。鉴于涵涵三年来在同学们心目中的形象不太好，在尊重家长意见的基础上，也为了保护孩子的自尊心，她的妈妈买来彩纸和墨囊、钢笔，托我私下转交给洋洋等同学。

探究涵涵随便拿别人东西的原因，一是心理需求没有得到满足。以前发现涵涵存在问题的时候，家长知道后没有及时加以引导与教育，而是粗暴的打骂责罚，没有及时了解孩子的需求，倾听孩子的心声，满足孩子的愿望。二是缺乏认同感。因为涵涵人缘不好，在班级没有朋友，新班主任又不了解她，她为在班级中赢得更多的好感和尊重，获得群体归属与认同感，通过"偷"东西的方式吸引同学、老师的关注。

在学校里，我持续关注着她，不断鼓励她，不断给她表现的机会，使她不断建立自信。我还利用课余时间时不时地找她谈一谈，拉近我们俩的距离，从而建立和谐、愉悦的师生关系。同时，我会经常为她搭建平台，为她创造展示自己的机会。例如，她喜欢画画，我就鼓励她参加画画比赛。班级有什么需要做的事情，我就请她帮忙，她也很乐意接受，有时甚至很晚了，她也愿意帮我做完再回家。

在家里，我请她的家长协助涵涵为家人、邻居做好事，并做好记录，若一个学期下来，不良行为彻底改掉，家长可以满足孩子的愿望。她助人为乐的动力更足了，每周都乐滋滋地向我汇报成果，看到她很有成就感的样子，我也很欣慰。

通过与涵涵家长的共同努力，我们看到了让人欣慰的一面。一段时间以来，班级里不再出现丢失物品的现象。后续我对涵涵增加了关注，班级活动也鼓励她参加，让涵涵与同学们加强联系，增加她的班级归属感。当同学们上课忘记带学习用品时，她会主动帮助。在趣味运动会选拔运动员时，她还主动让出自己喜欢的项目，得到同学们的称赞。此外，在她的一次写作中，还写到我对她的帮助和改变，向我表达了感谢。她的一举一动同学们都看在眼里，之后对她的态度也转变了很多。

作为班主任，我们要用爱去发现这些闪光点，用耐心去等待他们成长。当你看到孩子们一点点进步，一点点变得更好，那种成就感真的无法用语言来形容。就像春天来了，一朵朵花儿竞相开放，我们的心里满是幸福和欣慰。

班级就像我们精心呵护的花园，孩子们就是一朵朵含苞待放的花朵，需要我们用心去浇灌，用爱去施肥，才能灿烂绽放。正是因为有爱，我们的教育之旅才充满了温暖和希望。

（于晓梅）

第十一节　坚守初心，守望未来

2017年9月，我初登讲台。这么多年来，我一直担任着班主任的工作。"假如我是孩子，假如是我的孩子。"这句话伴随着我与孩子们的成长，也成了我的座右铭。为了把班主任工作做好，我尝试使用"参与式"班级管理的方法，把班级管理的主动权交给学生，让每个学生都意识到自己是班级的主人，真正成为班级的管理者，而班主任作为他们的"引导者"，这种方式收到了很好的效果。

一、人人都是"小主人"

魏书生曾说："管理是集体的骨架。"有良好的管理，事情才会有头绪，集体才会像一台健康的机器一样有序地运转。为充分调动学生参与班级管理的积极性，我通过"班委竞选，民主投票"的方式选出得力的班干部。

为了引导学生管理好自己，我在班级管理中通过小组合作实行"班中无小事，事事有人管"的个人负责制。小组成员共同制定组名、口号，组内成员通过讨论，细致分工，确保人人有活干，学生们既是班级管理者，又是参与者。比如，卫生方面：卫生区、教室内卫生、倒垃圾、整理桌椅、走廊外文化墙等都有具体分工，责任明确。学习方面：经过班委讨论，班内学生分成七个学习小组，各组学生的兴趣爱好尽量均衡，各小组成员内部自己推选出组长，每个小组都取了组名，如"蛟龙腾渊组""雄鹰展翅组"等。明确职责后，组长负责管理本组同学课堂作业情况，每天填好记录本，认真记录每天本组同学的学习状况。其他方面：花草管理、图书整理、课间两操、班级纪律、班级文化、放学路队、学科早读等都有学生负责，职责明确。

为了调动同学们的积极性并加强自我约束力，各小组组长汇总一周情况报告给班长，班长作班会总结并评选"文明标兵""环保小卫士"等。各组可以根据评比结果换取愿望卡。每周评选的优秀小组、"周标兵"我都会拍照发在班级群里进行表扬。在这种方式的激励下，性格内向的露露爱参加活动了，也爱与人交流了，还多次被评为"进步之星"呢。

"参与式"班级管理的方法充分调动了学生的积极性，激发了学生的"主人翁"意识，各小组间取长补短、互相学习、合理竞争，广泛参与班级管理，既锻炼了同学们的组织能力，也丰富了他们的学习生活和精神生活。在大家的共同努力下，我班每周都会获得"纪律流动红旗""卫生流动红旗"。即使我外出学习，班级秩序也能井井有条。

二、做"知心"的班主任

班主任要有对工作的责任心、对孩子的宽容心、对事情的公平心以及无微不至的细心。

小曦是个好动又自律性很差的学生，他从小父母离异跟着年迈的爷爷奶奶一起生活，特殊的家庭环境加上老人过分的溺爱，使得他每天都成为同学们告状的对象。我抓住他表现好的一次机会任命他担任纪律委员，告诉他"要想管好别人首先要管好自己"，每次他表现好时，我都会表扬他并且奖励他小星星。我慢慢地发现，他遇事知道谦让、包容，不再与其他同学大打出手了，并且学会了沟通。

为了帮助学习有困难的学生，我向各学科老师咨询他们每节课的表现，找到孩子们的闪光点，课堂上多关注他们，找机会积极表扬他们。在一次作文中，小浩这样写道：语文老师提问我的一瞬间，我觉得脑子里一片空白，因为从来没有老师提问我。当我说出答案时，老师带领全班同学为我鼓掌，那一刻我觉得幸福极了。这个孩子在后来的学习中特别努力，现在还成了阅读小明星呢。

为了培养孩子们的时间观念，每节课上课前，我都会站在教室门口看着他们进入教室，做好上课准备。为了培养他们心中有他人，做事有礼貌的习惯，我每节课都会通过小儿歌的方式提醒孩子们，课后还通过执勤班长提醒、小组长进一步监督的方式，来规范同学们的纪律言行。习惯是时间的积累，态度是细节的纠正，在不到一个月的时间里孩子们就养成了按时上课、认真听讲、课下离开座位就推凳子、放学走好路队、见到老师问好的好习惯。

我很喜欢这样一段话：每一个孩子都是一粒种子，只不过花期不同，有的花一开始就灿烂绽放，有的花则需要漫长的等待。公平地对待每一位学生，才能真正了解他们，从而正确引导他们。

三、活动提升凝聚力

课外活动是提升学生综合素质不可或缺的部分。于是，我开展了许多活动来丰富同学们的学习生活，让孩子们在活动中学会做人，学会学习，学会创造，学会审美。

之前开展的"亲子游"活动，加强了孩子与父母的沟通。孩子与父母关系融洽了，家庭中的矛盾也缓解了。有的孩子说"我体谅爸爸了"，有的爸爸说"我不知道多久没和孩子谈心了"。小家好，大家才会好。父母离异的小安第一次在爸妈陪同下参加集体活动，渐渐地融入班集体，变得开朗起来。我们还开展"家长进课堂"活动，孩子们在家长的指导下一起动手制作饼干，既锻炼了动手能力，也为语文习作积累了素材。

国庆节我们班开展了"我与国旗合个影"活动，目的是加强爱国主义教育。通过拔河比赛、运动会、歌唱比赛、朗诵比赛、故事大赛、书法大赛等活动，调动孩子们的积极性，增强同学们的集体责任感。在一次次的活动中，"奋力拼搏，顽强进取"的精神逐渐成为我们班的班魂。

同时我还让孩子们走出校园，走进社区，参加学雷锋活动，奉献爱心，提高社会实践能力。参观中医药学校博物馆，了解我国中医的发展历史，领略古人智慧。开展研学游，参观农博园，拓展眼界。这些实践活动让同学们增长了见识，培养了他们良好的行为习惯，在活动的参与中，也让他们培养了互相协作，共同提高的团队合作精神。

每学期我都会开展公益阅读活动，与同学们共同分享了 100 多本书，拓展孩子们的课外阅读量。2019 年，得知课文《蜘蛛开店》的作者鲁冰先生来济宁的消息后，我带领孩子们专程去济宁参加公益活动，见到鲁冰爷爷，满足了孩子们的好奇心，更激发了他们的阅读兴趣。

我还创办了班级作文报，为孩子们提供展示自我的舞台，甚至有 40 余位同学的作品在全国征文比赛中获奖。

疫情期间，我和孩子们一起制订学习计划和作息时间，录制网课陪他们读书，陪他们谈心。通过思维导图激发学生阅读兴趣，让枯燥的假期变得有趣起来。

通过活动，提升了我们班的班级凝聚力，同学们也变得团结友爱，积极向上。我所带的班级还被评为"济宁市优秀班集体"。

四、家校共育未来

孩子的成长离不开家庭教育的指导，只有走进学生的家庭，才能走近学生的心灵。我广泛调动家长的积极性，挖掘家庭教育潜力，开展扎实有效、灵活多样的家校活动，让家长参与孩子的教育。

每学期我都定期召开家长会，和家长及时沟通，商定管理方法，共同为学生营造良好的学习和生活环境。通过电话、家长微信群、走访入户等形式，把学生的在校学习情况告知家长，让家长及时了解、关注学生的每一个变化、每一点进步。在家访的过程中遇到一次不能解决的问题，我就和其他任课老师进行二次家访、三次家访，每一个感动的瞬间都通过每篇文章化作最美的记忆。家长们感受到了老师的重视、孩子的进步，也会更加认同班主任的工作。在一次次的交流中，我们用心灵去沟通，用行动去交流，无形之中家校沟通变得轻松融洽，提高了家长满意度。

每周的主题班会，涉及内容都很广泛，我会邀请家长和孩子们一起讨论和评价，欢迎家长提出建议，增进父母与孩子的相互了解。

停课不停学期间，我与学生隔空相见，如何让同学们受到更好的教育教学效果呢？我意识到，家长要起到关键作用。因此，我通过电话、微信等方式进行快捷便利的家访,及时了解学生的问题,建立家长委员会微信群,共同商讨解决问题的对策,并且把家委会成员分到各个学习小组微信群中,对学生的学习、生活、劳动进行指导。学生无论是在学习中还是在生活中遇到困难,只要在群里提出来,都能及时得到解决。在家长的配合、协助下,每一个学习小组微信群里,同学们都在"晒作业""晒锻炼""晒劳动",形成了你追我赶的学习氛围,营造了良好的班群文化氛围。

班主任工作是烦琐而杂碎、艰巨而又重要的,在与孩子们的交往过程中,我真切感受到了孩子们的热情与可爱。在经历着一次次磨炼的同时,我也在不断成长。

耿耿园丁意,拳拳育人心;身于幽谷处,孕育兰花香。作为老师,坚守初心,守望未来,陪孩子们沐浴阳光风雨,这何尝不是一种幸福?我很幸运,守着满园的芳华,陪着他们慢慢长大。

(滕 腾)

第十二节　用爱心与耐心浇灌成长之花

在我担任小学班主任的这些年里，遇到过形形色色的学生，他们有的聪明伶俐，有的活泼好动，还有的沉默寡言。而在我心中，有一个特别的孩子，他的名字叫小明（化名）。小明是一个内向的孩子，平时不怎么说话，总是默默地坐在教室的角落里。他的学习成绩一般，但最让我担心的是他的性格过于孤僻，似乎总是难以融入集体。同学们也不太愿意和他玩，这导致他更加封闭自己。为了改变小明的现状，我决定从了解他开始。

一、发现问题，心生关注

初次注意到小明是在一节语文课上。那节课我们讲的是一篇关于友谊的课文，当我让同学们谈谈自己对友谊的理解时，大家都踊跃发言，唯有小明默默地低头，不与任何人交流。下课后，我特意走到他的座位旁，轻轻地问他："小明，你不想和同学们分享你的想法吗？"他只是轻轻地摇了摇头，眼神中透露出一丝无奈和退缩。那一刻，我知道这个孩子需要更多的关注和帮助。

二、家访探因，深入了解

为了深入探究小明孤僻性格的根源，我决定亲自进行一次家访。那是一个晴朗的午后，我带着沉甸甸的责任感，来到了小明略显冷清却井井有条的家中。家里的每一处细节都透露出主人对生活的认真态度，但这份冷清感却如同冬日寒风，不经意间穿透心房。在与小明父母交谈的过程中，我逐渐了解到，他们作为职场上的佼佼者，勤勉工作，为了给小明提供更好的生活条件和教育资源，常常加班至深夜，甚至周末也难得休息。这份无私的付出，虽然在物质上满足了小明的基本需求，却在情感陪伴上留下了难以填补的空缺。小明的母亲眼眶微红，透露出在儿子成长过程中缺失陪伴的深深愧疚；而小明的父亲则以理性的方式表达了他的担忧——长期的孤独让小明变得内向、不自信，甚至在与同龄人交往时也显得手足无措。这次家访，让我对小明有了更加深刻的理解，也让我更加坚定了要帮助他走出孤独、融入集体的决心。我开始着手制定计划，通过组织团队建设活动、课后一对一辅导，以及与小明的父母深入沟通，鼓励他们调整工作安排，多陪伴孩子，共同帮助小明建立自信，克服内心的恐惧和不安。随着时间的推移，小明的变化逐渐显现，他开始主动参与到课堂的讨论中，与同学们的关系也日益融洽，那份曾经的孤独与不安似乎已被集体的温暖和关爱所融化，这一切的改变都让我深感欣慰，也更加坚定了我作为一名教育者的信念——用爱心和耐心，照亮每一个孩子的心灵，让他们在成长的路上找到属于自己的光芒。

三、课堂关注，表扬鼓励

在课堂上，我开始特意关注小明。我会选择一些简单的问题提问他，并在他回答正确后给予表扬和鼓励。刚开始时，小明总是低头不语，甚至有时会因为紧张而说不出话来。但我并没有因此放弃，而是耐心地等待，用鼓励的眼神和语气让他感受到我的支持。

慢慢地，我发现小明开始有了变化。他开始愿意在课堂上举手发言了，虽然次数不多，但这已经是一个好的开始。每次他回答问题后，我都会在全班面前表扬他，让他感受到自己的进步和成就。这种正面的反馈逐渐增强了他的自信心，也让他开始愿意与人交流了。

四、班级活动，融入集体

除了在课堂上关注小明外，我还安排了一些班级活动，让他参与其中。比如，在班级的集体游戏中，我会特意邀请小明加入，并鼓励他和同学们一起合作完成任务。这些活动不仅让小明感受到了集体的温暖和力量，还让他学会了如何与人合作和交流。

在一次班级组织的团队拓展活动中，小明被分到了一个小组。起初，他显得有些拘谨和不知所措，但在小组其他成员的鼓励和帮助下，他逐渐放开了，积极参与到了活动中。通过小组成员的共同努力，他们取得了不错的成绩。这次活动让小明更加明白了团队的力量和合作的重要性。

五、手工制作，绽放光彩

最让我难以忘怀的是班级举办的一次手工制作活动，它成了小明性格转变的关键节点。活动前，小明站在教室角落处，眼神闪烁不定，透露出内心的挣扎与犹豫，显然在权衡是否参与这一集体活动。但在我充满期待的目光和同学们的诚挚邀请下，他最终鼓起勇气，迈出了尝试的一步。在制作过程中，小明全神贯注，每一个细微动作都透露出他对完美的追求，从选材到拼接，再到精细装饰，每一步都凝聚了他的心血与专注。当他最终完成一个精美绝伦的手工作品时，脸上绽放出了久违的灿烂笑容，那是他对自我挑战成功的喜悦，也是他找到归属感和成就感的明证。同学们纷纷围拢，对他的作品表示由衷的赞赏，这一刻，小明不仅用手中的材料创造出了美好的实物，更在同学们的心中树立了一个敢于展现自我、乐于交流的全新形象。这次活动不仅锻炼了小明的手工技艺，更重要的是，他突破了内心的障碍，重拾自信，学会了在集体中绽放自己的光芒，赢得了同学们的尊重与友谊，这一转变无疑是我作为教育者最为欣慰和感动的时刻。

六、家校合作，促进成长

在帮助小明的过程中，我也与他的父母保持了密切的联系。我告诉他们小明在学校的进步和变化，并鼓励他们多陪伴孩子，给予他更多的关爱和支持。小明的父母也非常配合我的工作，他们开始调整自己的工作时间，尽量多陪陪孩子。

通过家校合作，小明的成长速度显著。他在学校里变得更加开朗和自信，学习成绩也有了明显的提高。在家里，他也变得更加愿意和父母分享学校的事情了。这一切的变化都让我深感欣慰和自豪。

七、耐心浇灌，绽放光彩

这个故事让我深刻体会到，作为小学班主任，我们的责任不仅仅是传授知识，更重要的是要关注每一个孩子的成长和发展。每个孩子都是一朵独特的花朵，需要我们用爱心和耐心去浇灌，让他们在阳光下茁壮成长。对此，我有以下几点建议：

关注个体差异：每个孩子都有自己的个性和特点，我们需要尊重他们的差异，并努力了解他们的内心世界。只有这样，我们才能找到最适合他们的教育方法和策略。

培养自信心：自信心是一个人成功的关键。对于内向、孤僻的孩子来说，培养他们的自信心尤为重要。我们可以通过表扬、鼓励、肯定等方式来增强他们的自信心，让他们相信自己有能力去克服困难和挑战。

加强家校合作：家庭和学校是孩子成长的两个重要环境。只有家校合作，才能形成教育合力，共同促进孩子的健康成长。我们需要与家长保持密切的联系和沟通，共同关注孩子的成长和发展。

组织集体活动：集体活动是培养孩子团队合作能力和社交能力的重要途径。通过组织各种形式的集体活动，我们可以让孩子们在参与中学会合作、学会交流、学会分享，从而培养他们的集体荣誉感和归属感。

耐心等待成长：孩子的成长是一个漫长的过程，需要我们耐心等待。在帮助孩子成长的过程中，我们可能会遇到各种困难和挫折，但只要我们坚持下去，用爱心和耐心去浇灌他们成长的花朵，他们一定会绽放出属于自己的光彩。

未来的教育之路还很长，我会继续以爱心和耐心为动力，努力帮助每一个孩子实现他们的梦想。我相信，只要我们用心去关注每一个孩子，给予他们足够的关注和支持，他们一定能够绽放出属于自己的光彩。

同时，我也希望更多的教育工作者能够关注到内向、孤僻孩子的成长问题，用我们的智慧和爱心去帮助他们走出困境，迎接更加美好的未来。

（张　帅）

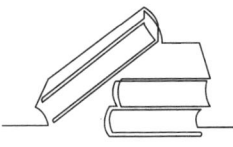

第三章

携手带班：凝聚合力培育新苗

……

第一节　爱在左，责任在右

二十二年的班主任工作历程，让我从最初的不知所措到后来的得心应手。也让我从最初的青涩、腼腆走向成熟稳重；从起初的厉声呵斥到如今的和风细雨……这一路走来有辛酸，有泪水，但更多的是喜悦、是感动，是我对班主任工作的热爱，是对学生的无私关爱以及无悔的默默奉献。经历了无数的"摸爬滚打"，我逐步凝练出一套独具一格且行之有效的策略。

一、育人理念

二十多年的班主任工作，使我深深地体会到热爱学生是班主任工作的出发点，也是班主任工作成功的关键。有了爱，也就能找到正确的管理方法，一切问题便能迎刃而解，这些体会逐渐形成了"爱在左，责任在右"的育人理念。也就是说在班级日常管理中，我把无私的爱化作春风细雨，润泽学生的心田。关注学生的细微情绪变化，用耐心倾听他们的烦恼与困惑，以包容的心态对待他们的错误，让他们在爱中感受到温暖与安全。而责任，则是高悬的指引明灯，督促我精心雕琢每一堂课程，以专业与严谨的姿态确保知识传递的准确与高效。在日常教学中密切留意每个学生的成长轨迹，针对他们的不同特点，制定个性化的引导策略，助力他们挖掘自身潜力，在成长的道路上稳步迈进。我坚信，唯有爱与责任协同发力，才能真正走进学生内心，为他们的成长保驾护航，让他们在充满希望的教育沃土里，绽放出最绚烂的花。

二、班情分析

我们班里共有24名学生，其中男生10名，女生14名。班级内每个孩子都活泼可爱，有上进心和集体荣誉意识。他们热爱班集体、团结上进、遵守纪律、尊敬师长；他们纯洁善良，好奇心强，求知欲旺盛；他们有着良好的学习、阅读、卫生等习惯。

三、育人目标

让每一位学生都能在这个"温暖、和谐、自律、向上"的班集体中健康、快乐地成长。

四、实践策略

（一）巧用"21天法则"，打造良好班风

良好班风是学生成长的关键，我巧用"21天法则"，打造良好班风。我所带的班级大都是从一年级带到六年级，一年级的孩子就像一张白纸，你在上面画什么，他们就会成为什么，可塑性比较强。因此我给他们上的第一堂课就是学习课堂常规和小学生守则，这样的教育我会持续21天。21天恰好是一个养成周期，即"21天法则"。在此过程中我不仅树立榜样，以点带面，推动全班，还用爱心、耐心、热心让学生感受到这个大家庭的温暖，鼓励学生敞开心扉，取得学生的信任与尊重。因为我坚信只有"亲其师"才能"信其道"。

下面我就以现在教的这个班级作为例子给大家讲一讲。记得学生刚入学的第二天，早上来到学校之后就不乱跑了，虽然他们还不会读书，但都坐到座位上翻着书看。还有一次听数学课，当时李老师担心孩子们不会听课，课堂纪律会很差。其实我也有点儿担心，因为他们才上了两星期的课，那节数学课我也去听了，结果让我喜出望外，孩子们一节课都能跟着老师的思路走，不做小动作而且注意力集中。就因为这节数学课孩子们出色的表现，有的老师就误以为好孩子都分到我们班了。在大家的印象中，一年级的课堂上老师停下讲课维持纪律就得占用大量时间，有时在课堂上的吵闹简直就是一波未平，一波又起，更别说才入学两星期的孩子。

这两件事也引起了我的思考，说实话，很多刚入学的孩子经过一个月的

学习,班里的纪律还是乱哄哄的,孩子们上课随心所欲,不会听课,而我们的孩子才上了几天课就迅速进入状态,我思前想后,这其实得益于对他们进行的课堂常规教育。

(二)抓习惯养成,促学生发展

班主任要注重紧抓各种习惯的养成。孩子在上小学的时候,需要养成的习惯很多,比如学习习惯、纪律习惯、卫生习惯、晨读习惯、课前预习习惯、书写习惯、阅读习惯……有些习惯听上去好像与班级管理风马牛不相及,实际上它们却藕断丝连,抓好了这些习惯,班级管理也就一蹴而就了。

下面我重点谈其中的三个习惯:纪律、卫生和阅读。如果一个班的纪律比较好,那么这个班管理起来就会轻松许多。以一年级为例:我先告诉他们应该怎么做,比如下课不能追逐打闹,上课认真听讲,不能做小动作等,他们只知道怎么做还不行,还需要老师时时不断地提醒、强化,直到他们养成遵守纪律的习惯。虽然我告知孩子们怎么做,大家一开始也都能做到,但是后来的养成阶段,有的孩子就坚持不下来了。在养成阶段我一般都这么做:我不再要求孩子们,而是让他们说出老师想要的答案。比如:"同学们,下节课老师开会,咱上自习的时候应该怎么做呀?"这时候先让孩子们说,等孩子们说完了,老师不要忘了对他们进行表扬。"大家说得都非常好,老师也相信大家能做到,等开会回来,我看看哪些同学在认真学习。"让孩子说出来,让他们意识到应该怎么做,再加上老师的表扬和期待,他们就有了做好这件事的动力。这种做法比老师声音提高八度,敲桌子、打板凳厉声告诉他们上自习课不能说话,不能离开自己的座位,要有成效得多。

每天下午放学前我都会拿出五分钟的时间与孩子们聊聊天,聊天内容都是明天要做的事情。比如"同学们明天早上来到学校干什么?下午放学时应怎么做?"其实这是在强调晨读和路队。正因为每天的"五分钟聊天",所以才有了距离晨读还有十分钟的时候,孩子们就早早地进入学习状态;当我出去监考时,孩子们上午考完试仍能排着整齐的队伍回家。

我觉得让孩子们养成讲卫生的习惯不是靠讲、靠说,而是靠孩子们的耳濡目染。孩子们学习的对象就是班主任,他们面前的班主任就是他们的"活教材"。让我印象最深的是一年级的学生，我手把手地教给孩子们打扫卫生，虽然只教了一次，但他们却坚持得非常好。每次班里打扫卫生都特别彻底，就连桌子腿、凳子腿也不放过，看到他们认真打扫的样子，我觉得他们长大了也一定是爱干净的人。

孩子们打扫卫生时，真的打扫得特别彻底，把能擦的地方全都擦了。每次总结时我都表扬他们劳动主动、积极、不怕脏也不怕累。他们能注意到细节，我告诉他们细节决定成败，习惯成就人生。这个班我带了六年，等到毕业时他们阳光、充满朝气，同时又文静、可爱。拍毕业照的时候我们孔校长开玩笑说，这个班的学生是帮助班主任的。我觉得也是。六年的时光，我用我的实际行动影响了他们，他们也像我一样爱干净、爱阅读、爱漂亮。我们都听说过，"有什么样的家长，就有什么样的孩子"。而在学校里，也流传着这样一句话："班主任什么样，班级就什么样。"这句话深刻地道出了班主任对班级的深远影响。

（三）创建书香班级，助生爱上阅读

借助"大阅读"创建书香班级，让孩子们爱上阅读。对于农村小学来说，创建书香班级最大的难题就是无书可读。面对图书角里零星点缀的几本图书，我一筹莫展。为了让学生有书可读，我从学校图书室借阅了一批图书，又把我家孩子看过的书带来学校，并鼓励学生将优秀读物带来与大家分享。此外，我还通过"沃岭助学"等公益组织给孩子们申请图书。就这样，我们班的图书角日渐丰盈起来，满足了学生个性化阅读的需求。

榜样的力量是无穷的。在讲课时，我常常引经据典，适时介绍一些自己读过的书，激发学生的阅读兴趣。记得有一次讲练习册时，有一道题是把诗句补充完整，其中有岑参的《逢入京使》，我声情并茂地把这首诗背了下来。课后，学生对我说："老师，我们也想读诗！"我趁机把《给孩子的古诗词》这本书推荐给了学生，于是班里掀起了读诗的热潮。

聚沙成塔，集腋成裘。让学生每天都沉浸在阅读中，日积月累，方能读有所感，读有所悟。我利用四个时间段组织学生阅读：早读10分钟背诵优美词句；午读半小时读自己喜爱的书；睡前半小时记录读书感悟；星期五的

阅读课上师生共读一本书。这样做既保证了学生的阅读时间，又调动了阅读的积极性。

我不仅让学生读，还让他们写。鼓励他们积极参加各种征文活动，并在各种比赛中获奖，这更激发了他们阅读的积极性。

（四）创意活动，如虎添翼

创意活动让班级管理如虎添翼。我通过开展一系列的创意活动，比如"小故事大道理之'寓言节'""趣味故事会""我身边的榜样""童心 童诗 童年"等活动，让孩子们爱上了阅读。通过开展"我是小帮手""我与蔬菜交朋友""学做一道菜"等活动，不仅帮孩子改掉了不吃青菜的不良习惯，还使亲子关系更加亲密、和谐。

俗话说，堵不如疏。就像我开展的"我运动 我健康 我快乐"这个创意活动，就是遵循孩子们爱玩的心理，让他们课下做一些有意义的事情，班里追逐打闹的现象慢慢就会消失得无影无踪。

（五）相信学生，学会放手

教师在工作中可以相信学生，培养班干部，适当放手，"懒"一点儿。众所周知，班干部是老师的左膀右臂，他们既是你的眼睛，帮你观察班里的一举一动；又是你的耳朵，帮你倾听同学们的心声。班干部的培养需要老师手把手地教，出现问题及时纠正，多表扬，多鼓励，定期召开班干部会议，总结得与失，这样他们才能尽快成长为一名合格的班干部。

五、实践成效

同事们聊天时总对我说："我愿意教你们班，你们班的学生纪律好、听话、有规矩。"其实这个"听话""有规矩"，就是对一个班级良好班风最朴实、最中肯的评价，而被评为济宁市级优秀班集体则是对我们班最大的认可！这个班我已经带了5年了，学生们在爱的滋润下，已经养成了诸多良好的习惯，我相信他们会"飞"得更高、更远，更会因这些好习惯终身受益。

（宫丽丽）

第二节 爱我所爱，无怨无悔

一、育人理念

每个学生都是祖国的花朵，都需要精心培育，使其健康成长。在成长的过程中，有的花朵娇艳欲滴，有的花朵却伤痕累累。无论哪一朵花，都要用爱心去呵护。我参加工作将近20年，担任班主任工作已有16年，形成了一套自己的育人理念：真爱温暖，立德树人；坚信每个学生都是独一无二的个体，都具备无限的潜力；用真诚的爱去关怀每一位学生，尊重他们的个性差异，挖掘他们的闪光点，帮助学生在知识学习、品德修养、身心健康等方面实现全方位成长。

二、班情分析

目前我们班里共有42名学生，其中男生22名，女生20名，男女生人数的比例比较平衡。

在班级的纪律方面：绝大部分同学都能遵守班级纪律，听从老师的要求，只有个别同学自制力较差，缺乏自我管理能力。

在班级学习方面：有的学生之前的基础较差，缺乏足够的积极性和自信心，没有明确的学习目标，两极分化比较严重。

家长情况：家长大部分都能积极配合班级工作，但仍有部分离异家庭、留守家庭对孩子疏于管理，缺少关爱，导致一系列问题的发生，班级管理工作存在一定的难度。

三、班级发展目标

我的班级发展总目标是培养学生积极乐观的心态，人人有责任心、上进心，追求个性发展，形成一个团结向上、有集体荣誉感的班集体。这个目标不是一蹴而就的，而是需要每个同学的共同努力才能实现。因此，我制定了三个不同层次的具体目标，分别是短期目标、中期目标和长期目标。

（一）短期目标——抓常规

从《小学生日常行为规范》抓起，让他们做好三姿的养成、课间文明活动、放学"快静齐"等；提高学生课堂参与度，培养班级合作精神，以及提高他们的学习效率；建立友好互助的班级关系，增强班级的凝聚力；经常与学生谈心，了解学生的需求与困惑，让学生感受到老师的关心，建立信任融洽的师生关系。

（二）中期目标——提信心

帮助学生建立自信心，提高学习积极性，在学习生活中学会自我管理，自我约束；打造具有特色的班级文化，包括确定班歌、班徽、班级口号，制定并完善班级规章制度，形成积极向上、团结奋进的班级文化氛围；每月开展一次品德教育实践活动，如参观红色教育基地、参与社区志愿服务等，引导学生树立正确的价值观和培养社会责任感。

（三）长期目标——树形象

我们班级要成为一个纪律稳定、积极向上、团结和有集体荣誉感的班集体。每个学生都能在德、智、体、美、劳等各方面得到充分发展，具备良好的沟通能力、团队协作能力、创新思维能力和自我管理能力，为未来的学习和生活打下坚实基础；形成独特的班级精神，让学生在毕业后仍能铭记班级的价值观和奋斗精神，保持对学习和生活的热情，在不同的领域发光发热，成为班级的骄傲。

四、实践做法

（一）小细节，大作用

班主任工作细小、琐碎，每天都需要不厌其烦地重复，例如晨读的纪律、上课的三姿、下课的安全、放学的路队、班级卫生的保持等，无不面面俱到。我是一个特别注意细节的人，小到水杯的放置、学生校服扣子的系扣，大到学生的穿着打扮，我会在班里找出典型，树立榜样，让学生一一效仿，这样事半功倍，班里的其他同学也会慢慢地向榜样靠近，起到积极的带动作用。

（二）小动作，大效果

班主任的形象就是班级的形象，平时以身示范必不可少。我经常捡起掉落的纸片，或者将学生乱糟糟的书桌顺手摆整齐，虽然动作简简单单，却胜过千言万语的唠叨。同学们见到后，也会自觉地模仿学习，只要我一进教室，一走到孩子跟前，他们就会不自觉地低头看卫生，会动手放好书桌上的课本，效果特别明显。

（三）小鼓励，大自信

每个人都希望听到别人的夸赞，我也毫不吝惜自己的表扬。由于我们班学困生比较多，我发现他们严重缺乏自信，经常看不到孩子脸上应有的天真烂漫的笑容，我的心里很不是滋味。于是我就重点了解他们的性格、爱好、家庭环境等，抓住他们的闪光点，不失时机地表扬鼓励他们。结果他们的改变很大，慢慢喜欢听课了，作业也按时完成了，挑战了以前的自己，自信心增强了，各方面都有很大的进步。其中一位学困生的家长还专程送来锦旗以表感谢，让我心里有一种莫名的成就感。

（四）小沟通，大支持

家长是班级工作的强大后盾，所以平时与家长的沟通交流也是必不可少的。我利用QQ留言、电话、面谈等家访形式了解孩子在家的表现，同时也让家长了解孩子在校方方面面的表现，及时找到出现问题的原因，像上学经常迟到、上课不专心听讲、同学之间经常发生矛盾等问题，通过与家长沟通后，很多问题就迎刃而解了。其实孩子出现问题的很多原因家长更清楚，比如孩子在家玩手机游戏，影响作息时间；有的家长期骄纵，造成孩子性格比较强势、霸道，受挫能力较差等，针对这些问题，教师需要对症下药，采取相应的措施，与家长达成一致，获得家长的大力支持，就能很好地解决。

五、特色建设

在我的班级育人方略中，我认为有以下三个亮点。

（一）注重孩子的个性化发展

每个孩子的兴趣特长和潜力都是不同的，因此我非常注重学生的个性化发展。例如我们班有三个同学跳绳很出众，我就鼓励他们大胆尝试，通过辛勤锻炼，他们多次参加市级、省级和全国比赛，并取得了第一名的好成绩，为班级和学校争光。同时他们在学习上也更加自信了，走到哪里都闪闪发光。还有的同学喜欢传统文化，并取得了曲阜市"国学小名士诵读比赛"第一名的好成绩。在校庆表演活动中，运动会的鼓乐队中，都有我们班学生的身影，同学们都感到无比的自豪。

（二）培养学生的自主管理能力

每月开展一次班干部培训会议，分享管理技巧、沟通方法。例如教纪律委员如何温和且有效地提醒同学遵守纪律，避免冲突。

依据班级日常事务，设置学习委员、纪律委员、卫生委员、图书管理员、绿植养护员等多种岗位，确保班级管理无死角。每个岗位职责明确，如纪律委员负责课间、自习课纪律监督，图书管理员管理图书借阅与整理等。

我们班的班级管理本着"人人为我，我为人人"的理念，每个同学都是集体中的一员，让他们成为班级的小主人，严格要求自己，做到遵守纪律、文明礼貌。同学们都有很强的集体荣誉感和主人翁意识，都能更好地做好自我管理。

（三）多元激励，激发成长动力

激励能点燃学生内心的火焰。学习上，我设立"进步之星""学科状元"等多种奖项，对成绩优异和进步显著的学生给予表彰，奖品虽小，却代表着老师的认可与鼓励。针对学习困难的学生，我制定个性化辅导计划，耐心陪伴他们攻克难题。同时，我也注重挖掘学生的特长，为他们搭建展示平台。班级的文艺会演、体育比赛等活动，让有艺术、体育天赋的学生大放异彩，增强了他们的自信心和成就感，激发了他们在各方面积极进取的动力。

六、育人成效

我的育人成效具体表现在以下两个方面。

（一）班级纪律和秩序越来越稳定

我非常重视学生的思想道德教育，制定了一系列班级规章制度和奖惩机制。我引导学生树立正确的价值观和道德观，学会自我管理和自我约束。还利用榜样的力量为他们指引方向，孩子们的自我要求也越来越高，使班级纪律和秩序得到有效的维护，形成了一个积极向上的班级氛围，真正做到了"亲其师，信其道"。

（二）学生的综合素质得到了全面提升

在学科竞赛中，我们班学生获奖人次逐年增加。在学校运动会、文艺会演、经典诵读中，我们班表现出色，多名学生在体育、艺术领域崭露头角，实现了全面发展。

我会鼓励他们积极参加学校的各种社团和社会实践活动，如戏曲进校园、九仙山祭英烈、传统文化进校园、爱心义卖等活动。我认为活动不仅不会影响学习，还可以更好地促进他们的学习积极性，增强他们的体魄，有利于他们社交能力的发展。看到孩子们的一张张奖状，我为他们感到自豪。

总之，作为班主任，我希望培育出的每一朵鲜花都依着花期，努力开放。我会用我的爱心去呵护他们。尽管我在某些方面做得还不够好，但是在这个过程中，看着孩子们健康快乐、茁壮成长，从稚嫩的花苞逐渐绽放出美丽的花朵，这是作为老师最大的骄傲。一句话，爱我所爱，无怨无悔。

（邱　惠）

第三节 我们班的家文化

班主任工作最重要的不是管理,而是营造一种班级文化,让文化去熏陶、影响学生的心灵。当学生从班级的每一个细小的地方,都能够感受到自己的力量对集体的影响,都能够感受到集体对自己的影响,那么,这样的班集体必然是温暖有力量的。我们班叫彩虹班,选这个名字,一是因为一年级的孩子们都喜欢彩虹,更是因为彩虹那多种绚丽的色彩,像极了每一个充满可能的孩子。结合我们学校"仁爱"理念和"家文化"建设,我们班的家环境本着"和、雅、竞、进"的原则,努力给学生们创设一个整洁、温馨、充满信任、积极向上的家。

一、和

班级后墙上有一大块区域是我们班的班级文化展示,主要内容分为三个板块。

第一,班级文化,包括班风(清洁 宁静 团结 奋进)、班训(心怀好意 口说好话 身行好事)、班级精神(让大家因我的存在而感到幸福)、班级口号(一·4 一·4,好好读书,认真做事!)、班级目标(在快乐中成长在耕耘中收获)、班级誓词、班歌、班诗。每天利用5分钟的早会时间,让学生唱唱班歌,诵诵班诗,喊喊班级口号,能够不断加强学生对班级文化的理解和认识,从而规范自己的行为,增强班级凝聚力。

第二,班级活动展示,主要张贴开展的各项活动的照片。一张张笑脸、一次次主题班会、一场场联欢会、一个个家长进课堂的身影,无不记录着美好的瞬间,体现家校合力的力量,更让孩子们感觉到学校就像自己的家,展现着"家"文化的魅力。

第三，我是班级小明星，主要彰显学生们在读、写、画、运动等方面的风采。学生平日里的优秀作业、小奖状、某个发光时刻都会在这里进行展示，每个同学都有机会成为小明星，是他们的光荣与梦想之所在。

班级文化展示区域是教室布置的核心，也是班级文化的核心。它无时不在凝聚着孩子们的心，使得孩子们之间多了团结和气，少了争吵纠纷，班级形成了一片正气场。

二、雅

高雅的家庭环境对每个孩子的成长发展起着至关重要的作用，班级墙壁上张贴的"我努力，我进步，我自信，我成功"和"每天进步一点点"，无时无刻不在提醒着孩子们要努力学习，争取进步。卫生角处张贴着"躬身洒扫""一屋不扫，何以扫天下"的字句，让孩子们争当勤劳的小蜜蜂。

课间、中午是最美的静读时光，班级图书角是孩子们的精神乐园，一排排的优质图书，分级摆放，挑战性阅读大大增强了孩子的阅读欲望和积极性。

图书角一旁悬挂着孩子们的手工创意作品。在寒假，一年级的教师们鼓励学生积极参加有意义的社会实践活动，给孩子们布置了内容丰富又贴近孩子生活的寒假特色作业。其中就有做手工灯笼、办一份春节风俗手抄报等内容。红红的灯笼展示了孩子们丰富的想象力，造型新颖、色彩绚丽、充满童趣。孩子们的春节手抄报形式独特，内容丰富，也给新年送上了一份喜庆与祝福！以及学生们平时美术课、艺术社团上的优秀作品，都成了教室里的艺术品。色彩绚丽的灯笼、精彩纷呈的剪纸图案、形状各异的橡皮泥小制作，这些集开放性、实践性、综合性、趣味性于一体，无不展示着孩子们的心灵手巧和雅致的生活态度。孩子们置身于这样的环境中，无形中享受着美的熏陶。

在学生上一年级的时候开始，我们在班级里开展了晨诵课程，"儿童的每一天不应该仅仅被太阳唤醒，被母亲唤醒，也应该被诗歌唤醒，只有被诗歌唤醒，精神才能够真正地醒来。"几年来，我带领孩子们踏上诗歌之旅,《春天的早晨》《被窝里的游戏》《吃栗子》《肥皂泡》《风筝》《上网》《我相信》《相思》《纸船》《星期六和星期天》等诗歌在孩子们口中不断吟诵着。如今,又开启了"农历的天空下"这个全新的板块,跟随二十四节气和古诗词,和孩子们一起踏上传统文化之旅。同时进行的还有"梅花课程""落花课程""百花课程"这些新活动。孩子们在传统文化的滋润下,学会了雅言雅语,越来越有君子之风。在与大自然的亲切接触中,孩子们也更加热爱大自然。

三、竞进

为激发学生们的学习热情、增强团队意识和荣誉感,学校"学队制"管理应运而生。我们班后墙的另一块区域就是学队制度量化,每个学队犹如一个小家,一般"家"里有4口人,每个人负责一项事务,各司其职,每个队都有自己的队名、口号和约定。每天晨会,小学队都会重温自己学队的口号和约定,并做到互帮互助,力争每位同学都能不断进步。

每个学队之间又充满着良性竞争,包括晨读表现、课堂表现、卫生表现、路队表现、纪律表现等。根据各队分数,每周都会评选出优秀学队,颁发奖状和小奖品。

学队制的量化展示,让每一个学队都争相求进,形成了比、学、赶、超的浓厚氛围,同学们之间还能主动做到互相提醒,大大减少了班主任的工作量。

班级布置是班级文化的外显,目的就是规范孩子们的行为,影响孩子们的品格,让孩子们有一个良好的学习环境和成长环境。教室里的每一面会说话的墙、每一个干净的角落、每一句提醒的话语、每一处雅致的摆放,都是班级精神的展现,是"家文化"的最好载体。孩子们置身于这样的环境下,培养了专注力、约束力、创造力,更营造了团结向上、积极进取、高雅脱俗的班级氛围。

除了"家环境"硬件的创设,我们还通过"家校共育课程"促进家校合作,让家庭和学校携手共促孩子的健康发展。

四、父母课堂

家庭与学校是孩子成长最重要的两个地方，家长与教师是孩子成长最重要的关键人物。家庭与学校和家长与教师的关系状态，直接影响孩子的喜怒哀乐。家庭教育和学校教育是互相影响，互相渗透的。全心交流的理想结果，是家长和教师能形成立场的共识与教育过程的合作。家长的自我学习和提升，不但会提高家长的素质，而且会改善教师的工作质量。

从 2018 年 12 月份开始，我便带领家长们组建了"父母课堂"，父母共读一本家庭教育类书，进行线上交流。随着读书的开展，家庭教育意识不断提升，很多家长都说是读书改变了他们。我们共读了《正面管教》《10~14岁青少年，你们在想什么》《欢迎来到一年级》《如何说孩子才会听，怎么听孩子才肯说》《陪伴孩子终身成长》《为何家会伤人》等家庭教育书籍。在不断地阅读和体悟中，家长和学校之间的关系已越来越好，信任度越来越高。教育无他，唯爱与榜样。

如果没有合格的家长，就没有良好的家庭教育，而没有良好的家庭教育，就没有完整的优质教育。只有影响了家长，我们对学生的教育才能真正成功。

五、家长开放日

家校共育是促进孩子全面发展的基础，家长开放日活动是让家长及时了解孩子在学校的表现，以及活动状况最直接、最有效的方式，所以家长开放日也就成了学校对外展示的窗口。

为了加强学校、教师、家长之间的沟通，让家长走进学校，走进课堂，了解学校的管理与发展趋势，了解课堂教学和教育方向。从而更好地配合学校开展教育教学活动，共同关注每一个孩子都能健康地成长，家长开放日活动应运而生，并生动活泼地进行着。

为了发挥家长开放日的最大作用，我先和家长们达成了这样的共识：家长们要共情孩子的成长，目的不单单是为了自己的孩子，更是为了全班所有的孩子，把班级当成大家共同的家。大家参加家长开放日的目的就是为了让孩子们全面发展，获取学校教育所没有的体验。家长们可以利用自己的优势和资源给孩子们讲解不同的知识内容，增长学生的见识，提高学生的生活能力。

家长开放日活动，不仅是展示学生生活、展示教师才能的机会，也是家长展示才能的机会。在家长开放日活动中，家长们以丰富多彩的活动形式，贴近生活，让学生参与活动，亲身体验愉悦和成功。活动展现了新的教育观念，寓教于乐，充分体现了学生的主体参与性。

每次活动结束后，我都向每位家长发放家长开放日活动反馈表，家长们对活动给予很高的评价，同时也提出了很多宝贵的意见。学校和家长共同学习，共同成长，就会助力儿童成长，提高教育效能，共同创造并传播幸福为目标的教育生活。

（刘 芬）

第四节　家校合力，育梦未来

一、制定班级目标

在新学期伊始，班主任组织全班同学共同讨论并确定班级的愿景和短期、长期目标。这一过程不仅能够增强学生的归属感，还能激发他们对班级建设的积极性。例如，可以设立"友爱互助"作为班级的核心价值观之一，并围绕这个愿景开展一系列活动。

短期目标：每天按时完成作业，保持良好课堂纪律，积极参与课堂活动。

长期目标：培养良好的学习习惯，形成初步的团队合作意识，提高基本的阅读和写作能力。

二、建立班级规章制度

简单明了的规则：制定适合低年级学生的班级规则，如上课时不说话、排队时要安静。良好的纪律是保证课堂教学顺利进行的前提条件之一。因此，在开学之初，班主任就应该与学生们一起制定一套清晰明了且易于执行的行为准则。内容涵盖课堂纪律、个人卫生等多个方面，旨在培养孩子们养成良好习惯的同时，也为日后可能出现的问题处理提供依据。

奖励机制：设立"小红花""星星贴纸"等奖励，鼓励学生遵守规则，表现良好。

三、培养班级凝聚力

亲子活动：组织亲子活动，如亲子运动会、亲子阅读会，增进家长和孩子之间的感情，同时增强班级的凝聚力。

班级庆祝活动：定期举办班级庆祝活动，如生日会、节日庆祝联欢会，让学生感受到集体的温暖和快乐。为了营造一个充满正能量的学习环境，班主任可以通过组织读书会、才艺展示会等形式多样的活动来鼓励学生展现自我。此外，还可以设置"每周之星"等荣誉奖项，表彰那些在学习态度、团队合作等方面表现突出的同学，从而树立正面典型。

四、关注每个学生的发展

个别谈话：利用课间时间与学生进行个别谈话，了解他们的学习和生活情况，及时发现问题并给予帮助。当遇到违反规定的情况时，比起简单粗暴的施加惩罚，更有效的做法是教师从正面角度出发给予指导。比如，如果发现某位同学上课经常讲话打扰他人，老师可以先私下与其谈心了解原因，然后通过表扬其他安静听讲的同学来间接提醒该生改正错误。这样的方式既维护了学生的尊严又达到了教育目的。

家访：教师定期进行家访，与家长面对面沟通，了解学生在家的表现，共同商讨教育方法。每个孩子都是独一无二的存在，他们拥有各自不同的性格特征和发展潜力。因此，作为教师首先要做的就是花时间去观察和倾听每一位学生的声音，通过一对一交谈或参与课外活动等方式深入了解他们的兴趣所在及其背后的故事。

五、加强家校沟通

家长会：定期召开家长会，介绍班级情况，分享学生的学习进展，解答家长的疑问。除了每学期至少一次的全体家长会议外，对于个别需要特别关注的学生，班主任还应该主动联系其父母进行面对面交流，及时反馈孩子在校期间的表现情况及存在的问题。同时，在会上也要耐心听取家长们的意见和建议，共同探讨如何更好地促进孩子的成长与发展。

家校联系册：使用家校联系册，记录学生的日常表现，每周与家长沟通一次，保持信息畅通。随着信息技术的发展，越来越多的人开始使用微信、QQ群等方式保持日常联系。因此，可以创建专属班级群聊，用于发布作业通知、分享教学资源以及解答疑问等。但需要注意的是，在线沟通时要注重保护学生隐私，避免泄漏个人信息。

六、培养学生的自我管理能力

值日生制度：实行值日生制度，轮流安排学生负责班级卫生、纪律等事务，培养他们的责任感。

小助手角色：设立"小老师""图书管理员"等小助手角色，让学生在实践中学习管理。为了让更多的学生参与到班级管理中来，班主任可以根据实际情况设立若干个职位如班长、学习委员等，并通过民主选举产生人选。这些"小老师"将在老师的指导下承担起监督同伴行为、协助组织集体活动等职责，从而锻炼自己的组织协调能力和培养责任感。

七、关注学生的心理健康

情绪管理：通过讲故事、做游戏等形式，帮助学生识别和表达自己的情绪，学会简单的自我调节方法。

心理辅导：对于情绪波动较大的学生，教师应及时进行心理辅导，必要时与家长沟通，寻求专业帮助。

定期举办以自我反思为主题的班会或者小组讨论会，邀请同学们围绕近期自己在各方面（如学业成绩、人际交往）的表现发表看法，并提出具体改进措施。这样做有助于增强学生的自省意识，促使他们更加主动地寻求进步之道。

八、创设良好的学习环境

整洁的教室：保持教室的整洁和有序，为学生提供一个舒适的学习环境。

丰富的图书角：设置图书角，提供适合低年级学生的读物，激发他们的阅读兴趣。

九、激发学生的兴趣和潜能

社团小组：组织绘画、手工、音乐、武术等社团小组，让学生在兴趣活动中发挥特长。

小比赛：定期举办小型比赛，如拼字比赛、讲故事比赛，鼓励学生展示自己的才能，基于学生个性的不同，班主任应当灵活调整教学策略，为不同水平的孩子提供相适应的学习材料和支持。比如，针对数学基础较薄弱的学生，可以安排额外辅导课；而对于有文学爱好的学生，则可以推荐更多经典名著供其阅读欣赏。这样既能满足个体需求，又能激发大家的学习热情。

十、提升自身的专业素养

继续教育：参加低年级教育相关的培训和研讨会，不断提升自己的专业水平。

经验交流：与其他低年级班主任交流经验，分享成功案例，互相学习借鉴。

日常观察：时刻关注学生的一举一动，及时发现和解决问题。

家长支持：争取家长的支持和配合，形成家校合力，共同促进学生的健康成长。

持续改进：根据实际情况不断调整和完善带班方略，确保其有效性和针对性。

总之，成为一名优秀的小学班主任，不仅要具备扎实的专业知识，还要善于运用科学合理的管理方法来引领整个班级向着健康、和谐的方向发展。

（徐鸿鹏）

第五节　耕耘成长，自强不息

一、育人理念

为了正确引领青少年成长，在班级管理中，需要关注学生个体，尊重每一位学生，激发其内在潜力，形成"星星之火，可以燎原"的育人思想。教育如耕种，肩负着为国家和民族培育未来栋梁的神圣使命。用心呵护每一颗独特的"种子"，为其提供适宜的成长环境，培育学生自强不息的精神，做到对学生不抛弃、不放弃。相信经过教师精心的引导与栽培，反复的"试错"，情绪上的共鸣，实践中的积累，终会培养出有道德、有智慧、有体魄、有美感的新时代好少年。

二、班情分析

（一）学生基本情况

我们班级由29名男生、22名女生组成。其中独生子女家庭的有9人，单亲家庭的有3人，隔代抚养的有1人。大部分学生积极主动，有一定的兴趣特长。但也有部分学生自我意识强烈，缺乏共情能力和集体意识，对家长、教师依赖性较大，缺乏主动性。

（二）家庭基本情况

家长们对孩子期待较高，但由于家长工作较忙，家校配合度不高，他们往往没有时间精力给予孩子更多的引导和陪伴。部分家长家庭教育理念有偏差，以致亲情关系紧张。还有极个别家长将孩子的成长完全寄托在学校身上。

三、班级发展目标

班级总目标：聚是一团火，散是满天星。培养学生的自律意识和良好的行为习惯，增强班级凝聚力和归属感，劲往一处使，共同为班级荣誉努力拼搏；同时每个同学都要有自己的优点、特长和光芒，能在个人擅长的领域发挥才能，展现个人价值。

四、实践做法

（一）奠定基础，破土而出

1. 思想品德教育先行

开展"品德之花，绽放校园"系列主题班会活动，通过讲述道德故事、观看品德教育视频、小组讨论等形式，引导学生树立正确的价值观和道德观，同时融入奉献社会的品质教育和自强不息的精神内涵。

2. 习惯养成

人人有事做，事事有人干，在班级管理中带动学生好习惯的养成。班级层面的细化：班级事务大体上可分为学习、纪律、卫生、才艺、体育等几个方面，每个方面可以配备一名或数名班干部进行管理；其他像图书角、晨读领读等，可以让有责任心、信得过的学生负责，同时将他们作为储备班干部进行培养。小组层面的细化：可以把班级分成若干个大组，每个大组配备一名大组长；每个大组分成若干个小组，每个小组配备一名小组长，形成大组长管小组长、小组长管组员、一个人管几个人的模式。学生竞聘上岗，定期轮岗。人人都是班级主人，人人都为班级做贡献。让学生们的做事能力、协调沟通能力、主人翁意识、责任心等都得以提升。

3. 文化浸润

我们为班级取名"星火"中队，寓意着学生们如星星之火，虽微小却充满力量，终将形成燎原之势。班训"星星之火，可以燎原"，并以"星火"为主要元素，设计了班徽、组徽。我们以"星火"为主题，打造了班级文化墙，设计了"星之梦""火之行""星火之情"三个子版块。"星之梦"主要呈现班级事务通知、师长寄语、学生愿望等;"火之行"展示活动掠影、学生优秀作业、书画作品、手工作品等;"星火之情"主要展示名人名言、百科知识等。我们还根据班级发展实际需要,制定了一系列制度,对学生在学习、活动、常规、思想发展等各方面内容都进行了详细量化考核。在各类制度的约束引领下,学生对自身成长责任意识更为明确,促进了其自主成长的可能性。

4. 多元评价

评价对学生的引领作用毋庸置疑。在实际管理中以《班级量化积分管理制度》为依据,每个月根据积分情况,对班级排名前五及进步前五的学生给予精神奖励和权益奖励。以奖促学,以奖导行,带动学生发展,促进班级建设。

在学习评价上,我们班构建了详细的评价标准,关注预习、课堂学习、复习、作业、测试等,覆盖了整个学习流程。因此,学生在这种刻意练习下,逐渐形成了完整的知识体系,对各个学科有更进一步的认知。学生的主动探究、信息整合、交流合作等能力都得到了提升。

在活动评价上,侧重学生参与各类活动的主动性、创造性及结果,以此激励学生在活动过程中积极表现,突破自己,实现班级活动水平提升与个人能力发展的双赢。在思想道德上,以学生的文明言行、好人好事等表现,衡量其思想水平、价值观等的发育程度。

(二)悉心培育,茁壮成长

1. 培养学生的领导才能

优秀的班干部不仅可以让班主任省心,还可以带领班级向上、向好发展。培养班干部的方法:定期开小会,总结得与失,拔高精神素养,及时评价反馈,助力成长;创造条件让班干部敢管理,比如班级公约的制定、量化测评记录、班级日记等,给班干部打造合适的"武器",让班干部敢管;在教师的监督下,利用一些突发状况,培养班干部的工作机制,进一步培养集体意识;树立班干部威信,在"大事"上征求班干部的意见,给予充分的信任,让班干部在一些事情上进行主导,赢得学生们的认可;引入竞争机制，让班干部有危机感，促进班干部自我成长等。

2. 集体活动是班级建设的重要途径

无论活动大小，只要合理引导，对学生都会有积极的影响。比如：学期伊始可以结合学生的实际情况，开展安全或习惯养成方面的活动；可以结合学习方法，开展经验交流方面的活动；可以结合某次成功或失败的经历，开展"胜不骄败不馁"活动等。活动的开展是为了给学生创造一个展示自我的平台，展示的过程就是自我反省、升华的过程。不断地累积，潜移默化地影响，学生的思想觉悟必然能得到锻炼和提高，周而复始，就能形成积极向上的班级氛围，进而更进一步助力教学质量的提升。

3. 进行综合教育

教师组织班级安全教育、法制教育活动，依托学校活动，对学生进行防溺水、防校园欺凌模拟法庭、反毒品宣传以及地震、火灾逃生等活动。以实际行动，提升学生安全意识、法治意识，提升生存能力。

4. 组织实践平台

我们实行大组值周制，班级分成四个大组，每个大组分成若干个小组，实行精细化管理。每个大组进行两周的班级常规管理，锻炼学生的自我管理能力。进行"班级环创大赛"，征集班名、班歌、班徽等，进一步促进学生自主成长。

5. 促进家校合作

教师加强与家长的沟通与合作，定期召开家长会，向家长汇报学生的学习和生活情况。邀请家长参与班级活动，共同关注学生的成长和发展。家庭教育引导的方式：建立家长联系簿，定时家访，加强家校沟通，适时对家庭教育进行跟踪指导；利用家长会、班级群，推荐典型的教子方法、教育案例，总结经验，提升家庭教育水平；对于学生个性的问题，进行个别交流，适时提出建议与指导，助力家庭教育。通过家校沟通，让家长成为班主任的左膀右臂，一起努力，共同培养学生健康成长。

（三）生机盎然，展望未来

以"每天进步一点点，遇到最好的自己"为育人重点，在学生成长的各个环节，引导学生知责、明责、践责、担责。促进学生形成自我约束能力，增强自信心，丰富生活阅历，实现进阶成长。

首先，以"我是谁"为主题，引导学生正确认识自我，精准定位自我，努力超越自我，完善自我。以"养成良好习惯，遇见最好的自己""繁花似锦，一路走来的我们""匆匆又一年，静待花开时"等分别为主题开展教育活动，让学生经历从好习惯养成到让优秀成为一种习惯的转变。一次次的活动开展，一次次的情绪共鸣，让学生的身心得到了洗礼，他们精神面貌、行为习惯、责任担当得到了蜕变。

其次，以心理健康为重点，以科学测评、家长访谈、学生对话等综合方式，了解学生的心理状态，做到心中有数。定期开设心理建设主题活动，形式包括但不限于主题班会、团队游戏、小组倾诉等。通过以上方式，为学生的心理健康指引了方向，在一定程度上让每个孩子都能真实地表露心声，做真实的自己。

再次，和家长合作，开展感恩的心、社区清理垃圾广告、垃圾分类宣传、爱心互助等社会实践活动，引导学生明确自身作为社会成员的义务。

五、特色和成效

（一）特色

注重思想品德教育，班主任将品德培养贯穿于班级管理的各个环节，培养学生的良好品德和社会责任感。强调学生的主体地位，让学生参与班级管理和决策，培养学生的自主管理能力和民主意识。建立多元化的评价体系，全面客观地评价学生的成长和进步，激发学生的学习动力和自信心，让学生在不同的评价中不断调整自己，适应环境，并且以自强不息的精神不断超越自我。

（二）成效

班级秩序良好，学生自律意识和行为习惯明显改善。课堂纪律井然有序，课间活动文明有礼。学生学习成绩稳步提高，综合素质得到全面提升。

学生在各类学科竞赛和活动中取得优异成绩。学生的兴趣爱好得到充分发展。班级凝聚力和向心力增强，学生之间的关系更加和谐。学生对班级的认同感和归属感增强，积极参与班级活动。在这个过程中，学生们相互支持、共同进步，以自强不息的精神为班级的发展贡献自己的力量。

家长对班级管理和学生成长满意度高，家校合作更加紧密。家长积极参与班级活动，共同关注学生的成长和发展。

总之，通过"耕耘成长，自强不息"班级育人方略的实施，将班级打造成一个温暖、和谐、充满活力的成长乐园，让每一个学生都能在这个大家庭中茁壮成长，收获美好的未来。

（孔　振）

第六节　润德于心，"儒雅"畅行

一、育人理念

儒雅之风是我国传统礼仪体系中的一种典型风范。在《论语》中就有"文质彬彬，然后君子"的说法，充分强调儒雅风度的价值，注重内在素质与外在表现的有机统一。"儒雅"不仅要求学生具备深刻的学识，更要求学生可以学以致用，树立自强担当意识与高度的社会责任感；引导学生积极践行社会主义核心价值观，坚定文化自信。儒雅教育是传统文化与现代育人的有机融合，它注重发展学生文化自信，是培养学生成为栋梁之材的关键，培养具有中国心、民族魂的新时代儒雅少年。

二、班情分析

班级共有学生51人，其中男生26人，女生25人。班级学生淳朴善良，同学之间友爱团结，活泼开朗的同学较多，学生经常踊跃参加学校各类活动，能自觉学习，乐于学习。有小部分同学内秀腼腆，平时虽不善于表现自己，但细心懂事，行动力强，为班集体默默奉献着自己的力量。还有小部分学生虽然有着乐于助人、积极上进等优点，但学习习惯却需要进一步改善。

三、育人目标

在班级开展"儒雅班"的建设，构建"儒雅新风畅行，关注全面发展"的和谐氛围，推动每一位学生的成长发展。

构建和谐的班级管理氛围，充分调动班级学生的积极性与能动性，与圣贤为友，传承国学精华，凝聚班级的向心力。打造团结友爱的班级，带动学生形成儒雅之风，自主对言行举止加以优化，通过点点滴滴的日常行为规范教育管理，在成长中注入"爱"，促进学生身心全面发展。开设儒雅的班会课程，将儒雅之风与班会课程开展紧密结合，在实践活动中主动探索，求真知、明真理。

四、实施对策

（一）文化引导，实施儒雅管理

在班级内部，以传承和弘扬中华优秀传统文化为方向，以学校"争做新时代好少年"活动常态化开展为指引，"儒雅班"从班级文化的构建入手，培养五年级小学生的儒雅意识、儒雅风范、儒雅精神。对此，在班级的后展板区域创设"学论语做君子"名句赏析板块，制定儒雅行为规范，注重国学经典文化的展示，将家国情怀等主题内容融入班级文化建设之中，塑造颇具中华文明特色的思想环境，让学生在潜移默化之中充分感知中华优秀传统文化的魅力，在习得"儒"的同时，也让自己的行为变得更为"雅"，自觉融入儒雅班级构建的进程中。

（二）礼正敏行，培养儒雅少年

在班级育人工作中，将坚持以儒雅文化为引导，积极推行"五育并举"的理念。在此过程中，班级将以具体的活动为抓手，开展与"儒雅"相关的常规活动，通过学雷锋实践活动、爱心义卖等多种活动，将德育巧妙融入其中，让学生在日常生活中学会帮扶他人，成长中"日行一善"。在开展节日创意活动时，每一个传统节日也是挖掘不尽的班会探究资源。从节日的起源故事，到节日的历史及风俗习惯的演变与传承，同学们一路探寻节日背后的丰富内涵，中华优秀传统文化的种子无声地在学生们心中生根发芽。在开展班级特色活动时，通过儒雅阅读经典、文明礼仪学习等各类活动，借助艺术节展演、读书日分享等载体，为学生的全面发展提供更多的支持。

（三）儒雅课程，锻炼心性品格

班级在现有课程的基础上，以班会课为途径开发了与"儒雅"相关的主题课程，其中包括：博学课程，根据六年级学生的认知水平，开设吟诵、书法等各类课程，引导学生博古通今，扩充自己的知识库。文雅课程通过"孝、礼、勤、信、艺"等主题班会的开展，让学生深植中华优秀传统文化，培养正向的价值观念。担当课程根据六年级学生的身心发展特点与今后成长的目标，设置不同类型的成长主题活动，引导学生在志愿活动、家务劳动、社会实践等劳动课程之中，得到自身的全面发展。除此之外，班级还通过校本课程，让学生在丰富的体育活动、审美活动、语言活动及科学活动等课程之中，实现心性、品格的发展。

（四）制度育人，培养良好习惯

为了推进儒雅班级的建设，促进学生的全面发展，班级制定了科学合理的班级管理制度，将关注点集中在学生行为的规范上以及良好习惯的培养上。班级重点关注学生自我管理，调动学生共同制定班级管理制度，主动承担自主管理的各项事宜。在班级管理中，不仅关注班级秩序的稳定，还关注学生礼仪举止的端正，在日常管理中融入儒雅教育。

五、育人特色与实施成效

班级在构建"儒雅班"的过程中，重点关注"儒雅"这一中华优秀传统文化与班级管理工作的有机结合，在日常管理与丰富的活动中，引导学生在一言一行之中感知儒雅、践行儒雅。在实际管理的进程中，班级注重班级文化的构建，尤其是从精神文化入手，让六年级学生受到更多的带动与感染。最后，班级还极为注重特色课程的开发，在现有课程体系的基础上，以班会课程为载体开展了不同形式的课程活动，真正关注学生的全面发展。

因此，班级在教育工作中取得了一定的成绩，绝大多数学生受到儒雅文化的感染与引导，充分体验到中华优秀传统文化的魅力，主动约束自己的行为举止，也为今后的成长发展找到了较为明确的方向。

（孔　菁）

第七节　做独一无二的自己

一、育人理念

理念：做独一无二的自己。

教育，在于老师看到学生的美并将其无限放大，让每个孩子都用自己的方式发光。每个孩子都是独立的个体，都有着与众不同的闪光点。或许是孩子在课堂上一次勇敢的发言，展现出的自信之美；或许是孩子在操场上奋力奔跑的身影，彰显出的活力之美；又或许是他在帮助同学时那一抹温暖的笑容，流露着的善良之美。当我们以敏锐的目光捕捉到这些美时，教育便有了新的使命——将其无限放大。我们要用鼓励的话语、赞许的目光、温暖的拥抱，让孩子们感受到自己的价值和美好。

2022 年 9 月，我与四年级 36 名小朋友相识，一场师生彼此影响、彼此促进的教育之旅便正式开启。这个年级只有一个班，是一个独一无二的班级。于是我坚持以人为本，尊重个体差异，走进学生的心灵，挖掘学生的潜能，让每位学生都能发出耀眼夺目、独一无二的光芒。

二、班情分析

我班共有 46 人，25 名男生，21 名女生。受之前疫情的影响，这一级学生 3 年来在学校的时间短，在家的时间长，与父母在一起的时间多。学生在家里习惯了被照顾，在学校一遇到问题就找老师，对老师的依赖性强。同学之间发生矛盾时，他们互不相让，以自我为中心。当他们面对略有难度的任务时，会退缩逃避，不够自信。

三、发展目标

以"做独一无二的自己"为目标,激励每个学生做更好的自己,促进个人和班级的共荣共生,卓越发展。

四、策略实施

(一)文化建设,营造好班风

苏霍姆林斯基说过:"让校园的每一块墙壁都会'说话'。"班级文化是班集体凝聚力和良好班风的载体,有着"随风潜入夜,润物细无声"的教育力量。通过班级文化建设,为学生营造勤奋学习、快乐生活、全面发展的良好环境,让学生健康和谐地成长。

1. 设计班徽,凝聚力量

班名:雏鹰中队。

班训:在快乐中成长,在努力中闪光。

口号:向阳而生,快乐成长。

班徽含义:班徽整体形状是一个同心圆,象征着团结、完整、和谐,寓意着2019级同学们团结一致,采用紫、白、橘、绿四种色调,代表独特、正直、乐观、健康,双手象征家校共育,携手共进,共同实现目标。三个小人代表孩子们团结友爱,拥有积极向上、向阳而生的精神。太阳象征光明、温暖和希望,寓意着班级充满活力与正能量,为同学们照亮前行的道路。

2. 装点教室,展示风采

我带领学生认真进行设计和布置,班级文化布置凸显学生积极向上的风貌。在教室内,张贴学习标语,激励学生积极向上。少先队知识标语,可以帮助学生了解少先队的相关知识,引导学生做合格的少先队员。红领巾争章墙发挥奖章的激励作用,在班级中形成你追我赶、健康向上的学习氛围。在教室外的墙壁上,粘贴上学生精心制作的手抄报、书法作品和充满想象力的创意作品,同学们的才艺和学习技能得到充分发挥,让文化墙成为"家里"最亮丽的一道风景线。

3. 班级公约，进步的约定

"没有规矩，不成方圆。"班级是学生一起学习的家，学生是家中的一员，我和孩子们一起商量，制定出切实可行的班级公约，以此加强对学生的常规管理，养成良好的习惯，树立良好的班风、学风。

4. 夸夸卡片，发现闪光点

孩子们总是不自觉地去看其他同学的错处，为了让学生们多去发现其他同学的优点，教师可以使用夸夸卡片表扬学生良好的行为，为其他学生树立榜样，营造一个积极、温馨的学习环境，引导学生树立正确的目标。使用一段时间后，关注别人缺点的人越来越少，特别是平时很少被表扬的学生也会感受到被关注、被肯定，自信心有了，学习内动力更足了。

（二）民主管理，培养主体意识

为激发学生自我担当的责任意识，班级实行民主管理，建立"岗位责任制"，实现"人人有事做，事事有人做"的班级管理目标。我组织学生们讨论自主申报岗位、确定目标、指导学生们制作岗位说明书，进行演讲竞争，给予每个人平等的权利，培养每一位学生自主管理的能力。

（三）班级活动，增强凝聚力

班级活动是班级的生命。我在班内组织开展竞赛、演讲、辩论、分享会等各类活动，为学生们搭建施展才华的舞台，鼓励学生们积极参加校内外活动，积累活动经验，培养创新思维与协调、组织、合作能力，以此来促进学生的全面发展。在这个过程中我也发现了各个方面的潜力小选手。记得，我和四年级孩子们第一次见面，为孩子们准备了别样的开学见面礼，活动拉近了我和学生的距离，也拉近了我和家长的距离。

（四）家校共育，同心促成长

1. 暖心家访工作，实现家校共赢

每学期，我都和任课老师带着班委进行登门家访，这不仅有助于增强同学之间的情感交流，也有利于教师与家长进行平等的沟通和互动，还有利于家长通过同学进一步认识自己的孩子，进而使得学校教育与家庭教育形成合力，共同促进学生身心的健康成长。

2.借助家长资源，开展家长课程

开展"家长进课堂"活动。家长们从事着不同的职业，发挥家长职业优势，邀请家长进校讲课，丰富班级教育形式，拓宽学生眼界，促进家校合育，达成家校共情。活动尚在筹备时就有家长主动提出申请，愿意为学生的成长助力。

3.家校社联合，搭建成长平台

在班级家委会的推动下，为孩子们搭建活动的平台。我们走进高校、社区、研学基地、劳动基地等场所，开展中华优秀传统文化研学、劳动教育、社会实践、志愿服务等活动，激发了学生的自信和活力，挖掘了学生的个性和潜能。这些有意义的活动，使学校教育与家庭教育、社会教育相互配合、相得益彰，落实"五育"并举，促进学生全面发展。

通过以上带班育人方略，学生们积极参与班级事务，努力成为班级的小主人，班级整体凝聚力得到了增强；同时学生们能够积极参与各项活动，并在活动中发现自己的闪光点，不断肯定自己，悦纳自己，变得更加从容自信。我将不忘初心、不断提高自己的带班能力，营造"和谐、共生、个性"的班级管理新生态，把学生培养成德智体美劳全面发展的社会主义建设者和接班人。

（于晓梅）

第八节 静待花开

一、育人理念

作为班主任,我要在工作中成为护花人,关注每一个学生成长的充分可能性。"让花成花,让树成树,让每个孩子成为最好的自己"一直是我努力的方向。在我的观念中,每个孩子都是独一无二的,都拥有无限的潜力,而我的责任就是为他们提供适宜的环境,我会用心去倾听他们的声音,用爱去滋润他们的心灵,用智慧去启迪他们的思维,引导他们发现、发挥自己的潜力,努力去营造一个充满爱、尊重和信任的班级氛围,给孩子们提供成长所需的最好的养分。

二、班情分析

我所带班级共有学生44名,男生中存在个体差异问题,学校位于城乡交融地带,有少数学生在学习过程缺乏清晰、明确的学习目标。我们班的学生虽活力十足,但也存在着一丝浮躁气息;多数学生学习目标明确,思维敏捷;学生兴趣爱好广泛,但缺乏自信,不善于展示自我和欣赏别人。现阶段正处于小学高年级的他们,叛逆心理初现,自我实现的需求迫切。要想挖掘每个孩子的潜能与爱好,培养团队协作意识,增强集体荣誉感、班级凝聚力,引导每个孩子团结和谐,奋发向上,更加需要关注他们的个性差异。教师要因材施教,帮助他们找到适合自己的学习方法,激发他们的学习兴趣,同时也要加强班级管理,建立良好的班级秩序,营造一个积极向上、和谐有序的学习环境。

三、策略做法

（一）家校共育，培土育苗待"花"开

苏霍姆林斯基说过："教育的效果取决于学校家庭的一致性。如果没有这种一致性，那么学校的教学和教育过程就会像纸做的房子一样倒塌下来。"通过家校合作，可以确保教育目标和方法的一致性，使学校教育和家庭教育形成合力。教师和家长之间是一种双向的沟通，作为班主任，应当用诚心架起与家长沟通的桥梁，达到家校共育的目的。除了日常的微信、电话等沟通方式，我还利用放学时间和学生、家长面对面地沟通学生学习情况以及了解学生家庭情况。对于少数需要特别关注的孩子，会有针对性地提高沟通次数，以期能够形成家校的最大合力。并且，我还会在家长会上邀请优秀家长代表分享教育心得，让家庭教育和学校教育形成合力，共同助力学生成长。

（二）开好班会，盼"花苞"

班会是实施德育的有效平台，上好班会课，对建设良好班风起着非常重要的作用。每个周一的班会课就是我们班级反馈与交流的重要阵地。班会课上，各部门的班干部将会就一周以来学生的表现、工作取得成绩、存在的问题以及解决的办法进行反馈。做到及时反馈，及时纠正，及时表扬，榜样带动。同时班会课上我们还会做一件非常重要的事情，就是"好人好事展示"，让做了好事的孩子说说自己的经历与想法，与大家分享。每次到了这个环节，同学们都会报以热烈的掌声。通过具体的事例来教育与感染孩子，让他们能够从小学会明辨是非，正确看待自己，勇敢承认错误，与伙伴友爱互助，拥有健康的内心与积极向上的心态。在日常班会中，我还会融入中华优秀传统文化元素，帮助学生养成良好的品德。

（三）关注个体差异，护"花苞"

1. 了解学生

观察与交流：通过日常观察、课堂提问、课间交流等方式，深入了解每一个学生的性格特点、兴趣爱好、学习情况和家庭背景等。关注学生的情绪

变化和行为表现，及时发现学生可能存在的问题和需求。

学习档案：为每一个学生建立学习档案，记录学生的学习成绩、作业完成情况、课堂表现等信息，定期对学生的学习情况进行分析和总结，以便更好地了解学生的学习特点和发展趋势。

2. 分层教学

教学目标分层：根据学生的学习能力和基础知识水平，将教学目标分为基础目标、提高目标和拓展目标。在课堂教学中，针对不同层次的学生提出不同的学习要求，让每个学生都能在自己的能力范围内有所收获。

作业分层：设计分层作业，包括必做题、选做题和拓展题。必做题面向全体学生，巩固基础知识；选做题针对中等水平的学生，提高学生的综合运用能力；拓展题则为学有余力的学生提供拓展思维的机会。通过分层作业，满足不同层次学生的学习需求。

3. 个别辅导

学习困难学生辅导：对于学习困难的学生，制定个性化的辅导计划，利用课余时间进行有针对性的辅导。帮助学生找出学习困难的原因，如基础知识薄弱、学习方法不当等，采取相应的措施加以解决。同时，给予学生更多的鼓励和支持，增强学生的学习信心。

特长生培养：关注特长生的发展，为特长生提供更多的发展机会和资源。鼓励特长生参加各类兴趣小组、社团活动和比赛，发挥自己的特长优势，实现个性化发展。例如，对于有绘画特长的学生，推荐参加学校的美术社团，组织参加绘画比赛等。

4. 设置岗位，育"花"开

一套完整的班级管理制度是班级管理的基石。我根据学生的学习和性格差异，给他们设置多种类别的小岗位，力求做到人尽其才，按需定岗，实现"人人有事做，人人有岗位"。同时制定岗位培训计划，并对学生进行岗位培训，让他们明确自己的职责，尽快适应岗位。为了激发学生的参与热情，让更多的学生得到锻炼，班级小岗位定期轮换，让学生在多元化的体验和团队合作中不断提升自己。

5. 开展多彩班级活动，助"花"艳

（1）学科活动：

语文阅读活动：开展"书香班级"建设活动，鼓励学生多读书、读好书。设立班级图书角，定期组织图书漂流活动，丰富学生的阅读资源。开展阅读分享会、故事大王比赛、诗词朗诵会等活动，激发学生的阅读兴趣，提高学生的阅读理解能力和表达能力。

数学思维拓展活动：组织数学趣味竞赛、数学手抄报比赛、数学实践活动等，培养学生的数学思维能力和创新意识。通过数学游戏、数学故事等形式，让学生在轻松愉快的氛围中学习数学，提高学生学习数学的积极性。

英语听说读写活动：开展英语儿歌演唱比赛、英语单词拼写大赛、英语短剧表演等活动，营造浓厚的英语学习氛围，提高学生的英语综合运用能力。鼓励学生在日常生活中用英语交流，培养学生的英语听说习惯。

（2）文体活动：

体育活动：认真落实"阳光体育"活动，保证学生每天有足够的体育锻炼时间。组织学生开展课间操、眼保健操以及跳绳、踢毽子、篮球比赛、足球比赛等体育活动，增强学生的身体素质，培养学生的团队合作精神和竞争意识。

艺术活动：举办绘画比赛、书法比赛、歌唱比赛、舞蹈比赛等艺术活动，为学生提供展示个人艺术才华的平台。鼓励学生参加学校的艺术社团，如合唱团、舞蹈队、美术社等，培养学生的艺术兴趣和特长，提高学生的审美能力。

（3）社会实践活动：

参观访问：组织学生参观博物馆、科技馆、图书馆、爱国主义教育基地等学习场所，拓宽学生的视野，增长学生的见识。让学生在参观访问中了解历史文化、科学知识和社会发展，增强学生的社会责任感和爱国情怀。

志愿服务：开展志愿服务活动，如关爱孤寡老人、保护环境等公益活动，培养学生的爱心和社会责任感。让学生在志愿服务中学会关心他人、奉献社会，提高学生的社会实践能力和综合素质。

四、育人成效

经过五年的时间,班级凝聚力不断增强,班级氛围融洽、积极向上。班级多次被评为文明卫生班集体,学生也在不断成长,个人特长得以发展和展现,在各项活动中绽放光彩。这一切都在预示着我们班离班级发展目标又近了一步,相信在不久的将来我们班一定能够成为一个团结向上的班级,融合孩子们的特点及亮点,拼接出每一个完全不同的"我",让每个孩子成为最好的自己!

作为小学班主任,我始终相信"每个孩子都是一颗独特的种子"。唯有以爱心为土壤,以智慧为养分,以坚持为阳光,才能助力他们在六年的小学时光里扎根萌芽,最终绽放出属于自己的光彩。

(刘 文)

第九节 以爱为舟,驶向成长彼岸

在教育的天地间,小学班主任不仅是知识的传播者,更是学生心灵的塑造者。作为一名小学班主任,我深知这一角色的重要性,面对着活泼可爱、天真烂漫的孩子们,每一天都充满了无限挑战和惊喜。早晨,当阳光透过窗户洒在教室里的时候,孩子们带着期待的笑容走进教室,那一刻,我深感自己肩负的责任重大。如何带好班级,如何育人,不仅关乎学生们的学业成绩,更关乎他们的心灵成长,这是我在日常工作中必须深思的问题。以下是我多年在带班育人过程中总结归纳的一些方略与实践,希望构建一个温馨、和谐、积极向上的学习环境,让每一个孩子都能在这里茁壮成长。

一、以爱为桥,建立信任

爱是教育的基石,也是建立师生信任的桥梁。我始终坚信"亲其师,信其道",教师只有真正关心、爱护学生,才能赢得孩子们的信任与尊重。在日常工作中,我注重观察学生的细微变化,无论是他们在学习上的进步还是生活中的小烦恼,都尽力给予他们关注和帮助。

有一次,班上的一位学生小明(化名)上课时总是心不在焉,课后我主动与他谈心。在轻松的交谈中,我了解到他因为父母工作的调动,搬到了这个新的城市,他感到不适应和孤独。了解情况后,我组织班上的同学一起为他举办了一个小型欢迎会,让他在集体的温暖中感受到归属感。通过这次活动,小明逐渐融入了新的环境,学习状态也有了明显的改善。类似这样的小故事还有很多,它们都在告诉我,关爱是拉近师生距离、促进班级和谐的重要方式。

为了更好地了解每位学生的内心世界,我还建立了"心灵信箱",鼓励学生将自己的困惑或给老师的建议写成信投入信箱。我会定期查阅信箱，并根据学生的需求给予回应或安排面谈。通过这种方式，我能够更直接地了解到学生的真实想法，从而更有针对性地为学生提供帮助。

二、营造氛围，培养习惯

良好的班级氛围可以促进学生的健康成长。我注重营造积极向上、和谐友爱的班级氛围，通过组织丰富多彩的班级活动，如主题班会、团队建设游戏、阅读分享会等，来增强班级凝聚力，让学生学会合作与分享。

为了培养学生良好的学习习惯，我制定了详细的班级规则，如课前准备、上课听讲、复习巩固等，并通过日常的督促与检查，帮助学生养成自律的好习惯。我还利用班会时间，开展"好习惯伴我行"主题活动，通过故事讲述、角色扮演等形式，让学生能够认识到好习惯的重要性。例如，我们定期举行"阅读之星"评选活动，鼓励学生多读书、读好书，培养他们的阅读兴趣和阅读习惯。同时，我也会在班级里设立"榜样墙"，展示优秀学生的作品和事迹，让学生向榜样学习，争当学习榜样。通过这些活动，学生们不仅学会了自律和自我管理，还学会了尊重和欣赏他人。

三、因材施教，激发潜能

每位学生都拥有不同的天赋和潜能。我认为教育的意义在于发现并激发学生的潜能，帮助他们找到自己的闪光点。

针对学习上有困难的学生，我会采取一对一辅导的方式，耐心解答他们的疑惑，帮助他们克服学习障碍。同时，我还鼓励他们参加课外辅导和兴趣小组，拓宽自己的知识视野，提高学习兴趣。对于表现优秀的学生，我则给予他们更多的挑战和机会，如组织他们参加学科竞赛、演讲比赛等，让他们在实践中锻炼能力，展示风采。

我还注重培养学生的特长和兴趣。在课余时间，我鼓励学生们参加各种兴趣小组和社团活动，如绘画、音乐、舞蹈等。通过这些活动，学生们不仅发展了兴趣爱好，还培养了团队协作和领导能力。我也会在班级里组织"才艺展示"等活动，为学生们提供展示自我的平台。

四、家校合作，共育英才

家庭是孩子的第一所学校，家长是孩子的第一任老师。我深知家校合作的重要性。因此，我积极与家长沟通，定期召开家长会，分享学生在校表现，听取家长意见，共同探讨孩子的成长问题。

为了加强家校合作，我还利用家校联系册、微信群等渠道，保持与家长的密切联系。平时，我会在微信群里发布学生的日常学习情况和活动照片，让家长及时了解孩子的在校表现。同时，我也常与家长沟通，结合孩子的表现，帮助家长找到切实有效的管理和监督方法，共同为孩子的健康成长出谋划策。

通过这些措施，家长们不仅学到了更多的知识，还增强了对教育的理解和支持。家校合作的加强，为孩子们的健康成长提供了更加坚实的保障。

五、关注心理，健康成长

学生的心理健康问题在快节奏的现代社会中，必须受到关注。作为班主任，我时刻关注学生的情感需求，适时开展心理健康教育活动。例如，如何进行情绪管理、同伴交往技巧等心理教育课堂，帮助学生建立正确的自我认知，增强他们的抗压、抗挫能力。

我利用班会时间，开展"心连心"心理健康教育活动，通过做游戏、师生讨论等形式，引导学生认识自己的情绪，学会调节情绪。同时，我还特别关注有特殊需要的学生，如学生学习困难、学生遭遇家庭变故等，及时给予关爱与帮助，确保他们能够在温暖的环境中健康成长。

我还鼓励学生们之间建立互助小组，相互关心和支持。通过小组讨论和角色扮演等活动，学生们学会了倾听和尊重他人的感受，培养了同理心和团队合作精神。此外，我还会邀请心理咨询师来校为学生们提供心理辅导和咨询服务，帮助他们解决成长中的困惑和问题。

六、具体的育人方法

榜样引领：在班级中树立榜样，如"学习标兵""礼仪之星"等，让学生向榜样学习，争当优秀。同时，作为教师，我也要以身作则，用自己的言行感化学生。

鼓励表扬：及时发现学生的优点，给予表扬和鼓励，让学生感受到成功的喜悦，激发他们的学习动力。例如，我会在班级里设立"进步奖"和"创新奖"，鼓励学生们在学习和生活中不断追求进步、创新。

个别谈话：对于有特殊需求或问题的学生，进行个别谈话，了解他们的想法和困难，给予针对性的指导和帮助。这样，我能够更深入地了解每位学生的内心世界，为他们提供更加个性化的支持和帮助。

小组合作：通过小组合作的方式，培养学生的沟通能力和团队协作能力。在小组活动中，学生可以互帮互助，共同进步。我还定期组织小组竞赛和团队拓展活动，让学生们在比赛和活动中学会团队协作。

家校互动：加强家校之间的联系和沟通，共同促进学生的健康成长。例如，我会组织"亲子阅读"活动，邀请家长们与孩子们一起阅读并分享读书心得，增进亲子关系的同时提高孩子们的阅读能力和表达能力。

七、自我提升，与时俱进

教育是一项永无止境的事业。作为一名班主任，只有不断学习、反思，才能更好地服务于学生。

我积极参加各类教育培训，阅读教育书籍，与同行交流心得，不断提升自己的专业素养和教育管理能力。同时，我还注重将所学知识应用于实践，不断调整和优化教育策略，为学生的全面发展贡献自己的力量。例如，我会定期参加学校组织的班主任培训和交流活动，学习新的教育理念和育人方法。此外，我还会关注国内外最新的教育动态和研究成果，将先进的教育理念和方法引入自己的工作中。通过不断学习和实践，我逐渐形成了自己独特的教育风格和育人理念。

我还注重反思和总结自己的工作经验。每周我都会写工作日志，记录班级管理和育人过程中的得失和感悟。通过反思和总结，我能够更清晰地认识到自己的不足和需要改进的地方，从而不断完善自己的工作方法和策略。

（蒋梅霞）

第十节　带班育人方略

一、育人理念

作为学生健康成长的重要引领人,班主任不仅肩负着传授知识的教育重担,更肩负着指导学生树立正确思想和人生价值观念的重要任务,致力于打造属于自己的班级文化,发扬学生们的志愿者精神,培养他们的社会责任感。学生明礼守纪、操行雅正,努力向"团结、进取、阳光、向善"的目标发展。

二、班情分析

我们三(三)中队是一个由40名队员组成的"向善"中队,是一个充满朝气、富有爱心、具有强大凝聚力的中队集体。他们虽然年少,但充满自信;他们虽然稚嫩,但勇于拼搏。两年多来,我们中队秉持"团结、进取、阳光、向善"的队训,催化队员们争做时代小先锋,朝着更好的自己不懈努力。

三、育人目标

每一位队员都是独一无二的存在,他们都有自身的特点。在中队成立之初,我通过与家长沟通、与学生谈心等方式,了解每位队员的特点与需求。我认为,这是中队建设的第一步,也是最基础的一步。它能够很好地拉近辅导员与队员之间的距离,更容易在情感上产生共鸣。作为辅导员,只有得到队员们的认可,才能因材施教,进而更好地开展工作。

四、育人策略

（一）读懂队员，赋予中队生活化意义

班级不仅仅是一个组织，更是一种生活，为了让队员们有归属感，我在平时的中队生活中用爱滋养每一位队员。例如，在有纪念意义的日子为队员们精心准备并拍照留念，将每次活动的照片张贴在教室内，将每一位队员的心紧紧地联系在一起。在我看来，班主任应努力为学生创造一个温暖的班集体，进一步优化师生关系，莫要给学生高高在上、不可接近的感觉，应对所有的学生一视同仁，不可过分偏爱学习成绩优异的学生，亦不可随意"放养"学习较差的学生。让学生认识到班主任与大家是一个集体，是家人般的关系，让学生真正敞开自己的心扉，积极配合班主任展开管理工作。

（二）基于个性，建立成长激励体系

除了规范开展"红领巾奖章"评定颁发工作之外，同时创造性开展"阳光少年之星"评定工作，将班级特色评价激励体系融入班级建设的全过程，通过争章集星，增强队员们的荣誉感。

"阳光队员之星"这一荣誉称号，是我对队员们发展所提出的美好愿景。为了细化这些要求，我与队员们一起制定了《向善中队"阳光队员之星"评选方案》，结合社会主义核心价值观内容，设置了"红旗之星""能力之星""友爱之星""文学之星""才艺之星""体育之星""阳光队员之星"七种星级标志，其中"阳光队员之星"是中队最高星级荣誉称号，集齐任意五颗星，可升级至"阳光队员之星"。队员们可以在少先队活动、文明礼仪等方面争章集星。

（三）自主管理，基于需求设置岗位

向善中队岗位除设置中队长、学习委员等固定岗位外，根据中队发展及队员需求，队员们还会通过自荐、竞岗、选举等组建中队委员，创新岗位设置，从学习到生活细节，注重队员们的获得感。在岗位设置中，重视培训，以老带新；实行轮换，人人有机会；提倡"中队事，争着做"，确保事事有

人管,人人有事干,让队员在中队管理中实现自我发展。

(四)思想引领,在活动中凸显特色

正如习近平总书记所说,同学们要学好革命故事,铭记在心,同时把建设现代化的知识和本领也掌握好,努力做社会主义建设者和接班人。结合学校大队活动,向善中队也努力创建自己的特色活动。充分用好每周一课时的少先队活动课时间,开展少先队系统教育。少先队活动课坚持"以少先队员为中心",发挥中小队自主教育作用,指导少先队小骨干带领少先队员自主设计活动,自主开展教育,根据中队计划或重大节日、重要事迹等来确定活动课主题。例如,防溺水安全主题队活动、宪法学习日主题队课等。充分利用各种重要节日,开展丰富多彩的特色中队活动。例如,六一儿童节前后,学唱诚信歌并参加展演,培养学生文明、诚信的优良品质;春节、中秋节等传统节日,组织队员积累背诵有关传统佳节的古诗文,并将诗配图,绘制手抄报以此加深队员对传统文化节日的理解,增强文化认同、文化自信。

在我看来,班主任作为这个班级的引领者,要积极鼓励学生参与到班级管理中,组织学生来为班级的大小事务出谋划策,让学生感受到自己也是集体的主导者。一个优秀的班主任,也不应该只是好的"个体引导者",更应该是好的"中队引领者",为每位队员的全面发展提供高品质的中队生活,帮助队员寻找学习与成长的机会和资源,引导他们自主追寻生命中的真、善、美。未来之路,我愿与队员们一起不断探索、继续前行。

(孔 欣)

第十一节 以"育人"为核心的三维实践路径

一、理念溯源:从"水桶理论"到"火焰哲学"

随着基础教育改革的深化,班主任角色已从教学辅助者转变为全面育人的主导者。苏格拉底"教育不是灌输,而是点燃火焰"的理念,恰与新时代"立德树人"根本任务相契合——正如我在班级黑板报上写下的格言:"教育不是把一只水桶装满,而是点燃一堆火焰。"这种教育理念指引着我在九载的班主任工作中,始终将"培养完整的人"作为核心使命,通过德育铸魂、管理塑形、文化润心等教育方式,让每个生命绽放出属于自己的独特光彩。

二、育人方略:六维联动的德育生态系统

(一)严慈相济的管理哲学

建立"敬畏·成长"双轨机制:通过《班级管理条例》明确行为边界,采用"心愿存折"量化成长轨迹。每周五的"法治讲堂"上,学生们以模拟法庭形式评议典型案例,将"有所为有所不为"的人生信条内化为精神基因。

(二)精准导航的成长档案

构建"一生一策"育人图谱:采用四色预警系统(红、黄、蓝、绿四种颜色)动态追踪发展状态,为每个学生建立包含学业表现、心理画像、特长发展的三维坐标系,实现精准育人。

(三)多元智能的开发模式

实施"种子计划"特色课程:设置传统文化研习社(漆扇制作/古法造

纸/剪纸工艺)、口语表达练习组(读书交流会/朗诵比赛/小主持人轮流制)、乡土文化传承组(方言故事采编),让每个孩子都能找到发光赛道。

(四)螺旋上升的育人闭环

创建"溯源·展望"教育链:从新生入学的"时光胶囊"仪式到毕业季的"成长树"年轮展,通过"历史明镜"主题班会、"未来已来"生涯规划课,形成完整的价值培育闭环。

(五)四维素养的浸润工程

推行"敬·静·净·竞"主题月活动:每月聚焦一个维度,通过"礼仪大使"评选(敬)、"思维深潜"阅读马拉松(静)、"美丽教室"空间设计赛(净)、"阳光擂台"特长比拼(竞),构建立体化素养培养体系。

(六)淬炼成长的实践熔炉

打造"苦乐方程式"体验课程:组织田间语文课(自然课堂)、抗挫训练营(传统手工艺制作)、公益创客行动(义卖助学/跳蚤市场),让学生在汗水中收获成长的甜蜜。

三、实施路径:三位一体的育人工程

(一)制度筑基:法治化班级治理

制定《班级发展白皮书》,设立"三级议事会"(班委常委会、小组议会、全体大会)。

创新"心愿存折",将守规行为转化为"成长币",可兑换研学机会、"特权"卡等。

实行"阳光仲裁"制度,由学生"法官团"处理违纪事件,培养法治思维。

(二)文化铸魂:浸润式德育场域

开设"剪纸工作坊":将中华优秀传统文化与古诗、民间故事相结合。

探寻"古法造纸术":利用课堂带领学生重温古法造纸的精妙技艺。

创立"漆扇工艺坊":在制作漆扇的过程中,感受中华优秀传统文化的博大精深。

打造"四季德育课程":举办清明家训诵读会、端午龙舟劳动赛、中秋诗会、冬至非遗体验日。

(三)发展赋能:个性化成长导航

建立"双导师制"(学业导师+生涯导师),配备《成长导航手册》。

设立"梦想孵化基金",支持学生开展小微研究项目(如优秀传统文化传承计划)。

四、育人成效:从规矩到格局的蜕变

经过三年的实践,班级逐步形成"制度有形、文化无声、成长有迹"的育人新样态。家长信箱里,外出务工的张女士写道:"孩子不再是只会考试的机器,他组织的家谱整理项目让我们全家重新认识了家族根脉。"更令人欣慰的是,在最近的主题班会上,曾经的"问题学生"小昊(化名)展示了他的"未来社区"设计图——用传统榫卯技术建造的智慧养老院,这正是"我的中国心"与"我的中国梦"的生动写照。

这种育人模式的深层价值,在于它既传承了"修身齐家治国平天下"的文化基因,又注入了"创新·担当"的时代精神。当教育真正成为点燃灵魂火焰的艺术,每个孩子都将成为自带光芒的火种,而这正是班主任工作的终极使命。

班主任工作的重点,即育人。这是班主任始终如一的事业。在这个过程中,我坚持:提供机会、熏陶感染;情境体验、搭建平台;用心倾听、躬身示范这几项原则。

第一,提供机会、熏陶感染,即在班级管理的过程中遇到学生自己或者班干部可以解决的问题时,老师适当地放手,让学生们相互解决。例如,有次我班小于(化名)同学和小康(化名)同学刚下课就打起了架,班长跑来告诉我,我立马把两人喊到办公室,但我并没有"马上就办",而是带领班内其他同学跑操去了，等跑完操回来，两人已经和好了。这时，我再让他俩"复盘"打架的起因、经过，他俩都感觉简直不值一提，作为"男子汉、大丈夫"的他们羞愧不已，随即在我面前握手言和。每当遇到学生之间闹矛盾、打架时，大多数老师都会急急忙忙跑过去劝架，然后了解情况，再说服教育。这种处理方法往往会出现双方都不服气，你说你有理，我说我有理的情况，老师不易解决。遇到这种突发事件，我很少用当面说服教育来解决矛盾。一般情况下是让双方到一个安静、没人的地方自行调解，调解完了再来找我汇报调解经过、解决方法。这样处理，往往不用我说教太多，两人就调解成功，握手言和了。这样既节省了班主任老师的时间，又让学生学会调整情绪、辨别是非，学会实事求是，学会坚持对的、放弃错的，更学会了反思、宽容、换位思考，进而增强自己人际交往、与人沟通的能力。

第二，情境体验、搭建平台。例如我班的小杨（化名）同学在课间的时候欺负同班的另外两名同学，我发现后不仅没有被他的所作所为激怒，反而从他的不良行为中发现了他在班级中的"地位"，并让他担任班里的纪律委员，协助老师管理纪律，从而引导他正确地与同学沟通、相处，利用自己的能力释放正能量，为班级做出贡献。我班的小佳（化名）同学十分内向，平时都很少说话，更别说上台表现自己了，为此我特意选她当"读书交流会"的小小主持人，每周由她组织大家进行读书交流会的准备、主持工作。经过一学期的锻炼，小佳同学的性格发生了明显变化，她自信开朗多了，不再是那个不敢上台的小女生了，更让我感到欣慰的是，在学校举办的班级合唱比赛中，作为指挥的她发挥了重要作用，小佳同学在比赛中收放自如、节奏感十足，带领班级取得了合唱比赛第一名的好成绩。

第三，用心倾听、躬身示范。陶行知说得好："运用朋友的关系，彼此自由交换学识，是比摆架子好得多，你要了解学生的问题，体谅学生的困难，处处都显示出你愿意帮助学生求学而没有一丝一毫的不耐烦。"因此教师要走向学生，了解学生，善于倾听学生的心声，与学生进行思想和情感上的交流，才能从中获取信息，了解学生学习情况，帮助学生答疑解惑；学生则能从老师的倾听中感觉到被尊重，增加对老师的亲切感，进而树立了信心。记得有一次，我班小霖（化名）同学上课时心不在焉、无精打采，我边讲课边注意到了她的状态，但我并没有因此而批评她，而是在走过她身边时轻轻地抚摸了她的头，看得出她立刻精神了不少，这堂课剩余的时间都在认真听讲。等到下课后，我便把她喊到办公室问她不认真听讲的原因，才得知她因父母常年在外地打工，非常想念他们，更让我心里一颤的是因为那天刚好是她的生日，她更加想念父母，所以才会有上课时心事重重的样子。听了她的诉说，我庆幸自己没有做出"不问青红皂白"就批评她的"莽撞之举"。随后，我利用中午时间，号召班委为小霖同学组织了一场简单的生日会，尽可能地弥补小霖心中的难过。在这件事中，教师的"倾听"、学生的"诉说"起了至关重要的作用。倾听是双向的，一个愿听，一个愿说，来不得半点勉强，教师也可把自己的生活经历及喜怒哀乐讲给学生听，以引起师生在情感上的共鸣。倾听的后续工作是身体力行，躬身示范，是给倾诉的学生满意的答复，这也是班主任老师尊重学生的体现。

经过教师、家长、学生的齐心协力、全面配合，我班学生的身心状态都非常积极健康，学生发展全面，人际关系融洽，学习习惯良好，学习氛围浓厚，积聚了积极向上的正能量。学生"知书达理，孝亲懂礼""亲其师，信其道"，不仅学会了学习，更重要的是学会了做人。

值得我反思的是，在以后的教学、教育工作中应该把班级各个工作细节都作为将社会主义核心价值体系融入的契机。无论是班级日常教育管理，还是解决具体问题；无论是常规教育引导，还是处理突发事情；无论是面对全班，还是针对个体，都应注重引导学生对社会主义核心价值观进行深度了解，让自己和学生都更加透彻地理解其内涵，内化于心、外化于形。

（苏庆洋）

第十二节　用爱浇灌，静待花开

一、育人理念

教育家马卡连柯曾言："爱是教育的基础，没有爱就没有教育。"我坚信，爱是治愈一切心灵创伤的良药，是激发学生潜能、引导他们健康成长的不竭动力。班主任作为教育的直接实践者，承担着塑造学生心灵、培养学生品德、提升学生能力的重任。在多年的班主任工作中，我深刻体会到，只有用爱去浇灌学生，才能真正实现育人的目标。因此，我提出了"用爱浇灌，静待花开"的带班育人方略，旨在通过关爱、理解、引导和支持，促进学生的全面发展。

二、班情分析

班级共有25名学生，其中男生11名，女生14名。学生们来自不同的家庭，有着不一样的学习习惯和兴趣爱好。经过一段时间的相处与观察，我对班级情况有了较为全面的了解。学生们在相互熟悉的过程中，逐渐形成了融洽和谐的班级氛围。在纪律方面，大部分学生能够自觉遵守班级纪律，展现出良好的自律性；然而，仍有少数学生纪律意识淡薄，需要进一步加强引导与教育。在学习态度上，大多数学生勤奋刻苦，成绩稳步提升；但也有部分学生因基础薄弱或缺乏兴趣而面临学习困难，亟须教师与家长的共同努力，激发他们的学习热情，帮助他们攻克难关。在人际交往方面，学生们大多能够友好相处，互帮互助；但也有个别学生以自我为中心，易与同学发生矛盾，这需要班主任的耐心引导与调解。

三、班级发展目标

为了促进学生的全面发展,我制定了班级发展的总目标:构建一个守纪、进取、勤奋的班集体,培养团结、向上、文明的班级文化。为实现这一目标,我将其细化为短期、中期、长期三个层次的具体目标。

(一)短期目标

短期目标是增强班级凝聚力,让学生成为班级的主人。通过遵守班级纪律,学生将学会承担责任,理解"我为人人,人人为我"的道理,从而增强团队协作意识,为班级的共同进步贡献力量。

(二)中期目标

中期目标是培育良好班风,树立学校榜样。积极向上的班风能够激发学生的内在动力,推动他们不断向前。为此,我将坚持不懈地引导学生形成正确的价值观,营造积极向上的班级氛围,让每一位学生都能在集体中找到归属感与自豪感。

(三)长期目标

长期目标是争做优秀个人,创建幸福班级。通过培养学生的个人素质与能力,让他们成为社会的有用之才。同时,通过班级的共同努力,营造一个温馨、和谐、充满正能量的学习环境,让每一位学生都能茁壮成长。

四、实践做法

(一)播种爱心,静待花开时节

作为班主任,我深知爱心是教育的基石。因此,我始终将爱心贯穿于日常教育工作中,努力为学生营造一个温暖、和谐、积极向上的成长环境。

1. 营造良好氛围

精心布置教室环境,营造温馨、舒适的学习氛围。同时,鼓励学生展示自己的作品与成果,让他们感受到自己的价值与成就。通过设立"荣誉墙""作品展示区"等,让学生们在欣赏他人作品的同时,也能展示自己的努力与才华。

良好的班级纪律是保障学习秩序的重要前提。注重培养学生的纪律意识与规则意识，通过制定班级公约、开展纪律教育等方式，引导学生自觉遵守班级规则，维护班级的秩序与和谐。同时，注重培养学生的自我约束能力，让他们在遵守规则的过程中学会自律与自省。

2. 关注个性发展

每个学生都是独一无二的个体，他们有着不同的性格、兴趣和特长。作为班主任，我注重学生的个性发展，尊重他们的差异，为他们提供个性化的教育支持。通过深入了解每个学生的情况，发现他们的优点和潜力，并鼓励他们发挥自己的特长。同时，我还关注学生的全面发展，注重培养他们的综合素质，让他们在学习和生活中都能够得到充分地锻炼和成长。

班上有一位叫作小甜（化名）的女同学，第一次见她是在一个阳光明媚的早晨。开学这一天，孩子们早早地来到了教室，争着抢着和我打招呼。初到这所乡村小学，我还带着些惶恐和不适，可是这一瞬间围上来的一张张笑得如阳光般灿烂的脸蛋，却让我一时忘却这初见的不安。在这排山倒海之势的围攻下，在我不遗余力地呐喊中孩子们终于恢复了平静，乖乖地坐在了自己的位置上。我开始拿着名单认真地点名，细细地打量。"小甜！""小甜！"随着我的叫声，门口才站起来个小姑娘。她白白的脸蛋在阳光下可真漂亮，可是上面有几抹灰痕；高高的个子很苗条，身体却有点蜷缩。我轻声地问着她的名字，她也微微点着头回应着我。就这样，我们有了第一次交流。后来的日子里，我关注着这个白白高高的小姑娘，她不爱说话，有人和她说话她总喜欢低着头沉默不语；她也不爱参与活动，她唯一喜欢的活动场所是我们教室外面的小旮旯。后来我联系上了她的家人——一位年过八旬的爷爷。从爷爷那里得知，孩子出生一月后父母就离婚了。为补贴家用，孩子父亲常年在外打工，平日里爷孙俩住在一间连电灯都没有的老屋里，生活起居也全靠着年迈的爷爷。小甜很爱美，那天我拍着她肩膀问："洗洗头吗？"她思考再三后才对着我点了点头。我打好了水，给她一点一点地淋在头上，她还有点难为情。洗发膏打出了泡泡，抹在小手上、长发上，她开心地笑了。头发吹好了，她依偎在我身边对我说："谢谢老师。"我开心坏了，这还是我第一次听到她主动说话，而且还是感谢。后来相处的日子里，我经常在亲戚朋友那找来衣服给她，当然她非常高兴，每次拿到都是按捺不住地放在身上比一比，然后害羞地问我："漂亮吗？"我也从不吝啬地夸奖她，慢慢地她好像变得自信起来。

有一天，我在操场上散步，她突然跑过来叫住我，给我分享她的秘密。她闪着星星眼看着我告诉我她喜欢唱歌，想唱歌给我听，我迫不及待地当了听众。阳光、微风、笑脸、纯真……她成长着，我欣慰着。

在播种爱心的过程中，我们要学会耐心等待。每个孩子的成长速度都是不同的，我们不能急于求成。我们要相信每个孩子都有自己的花开时节，只要我们用心去浇灌，他们一定会在适当的时候绽放出最美丽的花朵。

（二）倾听花语，感悟生命成长

1. 耐心倾听心声

在班级管理中，我注重倾听学生的心声，了解他们的想法和感受。我时常与学生进行沟通交流，耐心倾听他们的意见和建议，尊重他们的想法和感受。通过倾听学生心声，我能够更好地理解学生的成长需求和困惑，为他们提供及时的帮助和支持。同时，我还鼓励学生表达自己的想法和感受，让他们在班级中得到充分的关注和尊重。

2. 关注学生成长

身为班主任，我深知自己的职责不仅仅是教授知识，更重要的是关注学生的全面发展。在与学生相处的每一天里，我都倾注了极大的热情和耐心，仔细观察他们的言行举止，深入了解他们的内心世界。正是通过这些细微的观察，我才能够发现学生们的进步和成长，为他们的未来发展提供有力的支持。

在班级管理中，我注重培养学生的自我管理能力。我经常表扬那些在学业、品德和行为方面表现优秀的学生，以激励他们继续保持良好的状态。同时，我也从不忽视那些在学习或生活中遇到困难的学生。我会与他们进行深入的交流，了解他们的困惑和需求，然后与他们一起探讨解决问题的方法，引导他们走出困境，走向正确的成长道路。

（三）以身作则，树立榜样力量

1. 树立榜样形象

作为班主任，我深知自己的言行举止对学生有着重要的影响。因此，我注重自身的形象塑造，做到言行一致、表里如一，始终秉持着严于律己的原则，力求为学生树立一个积极向上的榜样。因为只有当自己成为一个值得信赖和尊敬的人，学生才会真正地尊重和信任你，进而愿意接受你的教育。

除了教学方面，我还非常注重提升自身的专业素养。我积极参与各类培训和进修课程，不断更新自己的教育理念和教学方法。同时，我也注重将理论与实践相结合，将所学知识运用到实际教学中，不断提升自己的教学水平和教育能力。

2. 塑造班级文化

良好的班级文化，能够培养学生的品德修养，增强他们的团队协作能力，促进他们全面发展。作为班主任，我深知引领风尚、塑造积极向上的班级文化的重要性。

通过开展丰富多彩的班级活动，如主题班会、文体比赛、志愿服务等，增强了班级的凝聚力与向心力。这些活动不仅让学生们在轻松愉快的氛围中增进彼此了解，还让他们学会团结协作、互帮互助。通过这些活动，学生们更加珍惜班级这个大家庭，增强了归属感与荣誉感。此外，我还鼓励学生参与教室的布置，让他们感受到自己是这个大家庭的主人翁。我们共同设计班级标语，让每个学生都能感受到班级的凝聚力和向心力。

（四）家校同心，共育繁花满园

1. 建立互信关系

家长是学生学习和成长的重要伙伴。作为班主任，我注重与家长的沟通合作，建立互信关系。我时常与家长进行电话、微信聊天等多种形式的沟通，及时反馈学生的学习情况和表现，听取家长的意见和建议，共同探讨孩子的成长问题。通过家校沟通，我能够更好地了解学生的需求，为他们的教育提供更有针对性的支持。

2.携手促进成长

家长是孩子成长道路上的重要引导者和支持者。因此，我积极倡导家长参与学校教育，让家长成为学校教育的重要合作伙伴，共同为学生的成长提供全方位的支持。为了实现这一目标，我定期邀请家长参与学校的各项活动，让家长来到学校与学校领导和教师面对面地交流，了解学校的教育理念、课程设置等，增强家校之间的信任和理解。通过有效的家校合作，共同为孩子的成长撑起一片蓝天。

五、特色建设

（一）培养自主管理能力

自主管理能力是每个学生未来成长中不可或缺的能力之一。为此，我积极推行学生参与班级管理的模式，通过设立班级委员会，让学生自主组织、管理班级事务。这不仅培养了学生的责任感和集体荣誉感，还让他们在实践中学会了如何与他人协作、沟通并解决问题。为了规范班级管理，我还与学生共同制定了班级规章制度，确保班级秩序井然、和谐稳定。

（二）发挥学生个人特长

每个学生都有自己独特的才华和特长。为了充分发挥这些优势，我鼓励学生积极参与班级文化建设，如设立班级图书角、组织读书分享会等。这些活动不仅让学生在阅读中拓宽了视野、丰富了心灵，还让他们学会了如何分享，如何欣赏他人的优点。同时，班级图书角的建设也为学生提供了一个良好的学习环境，激发了他们的学习兴趣和热情。

六、育人成效

经过全体师生的辛勤付出，我们班级取得了许多荣誉：持续获得"文明中队流动红旗"，在学校朗诵比赛中荣获一等奖，在学校运动会比赛中荣获团体一等奖,并在 2024 年 4 月被评为"济宁市优秀班集体"。共同的奋斗目标是班级不断奋进的动力,班集体就是在一个接一个的目标的实现中逐步形成和发展的。不断提出新目标,寻找鼓舞力量,激励学生朝着共同的方向前进。

教育是一项伟大的事业,它需要我们用心、用爱去对待每一个学生。在这条道路上,我继续秉承"用爱浇灌,静待花开"的理念,用心关注每一位学生,用爱温暖每一个心灵,用智慧引导孩子们茁壮成长。我相信,在爱与智慧的滋养下,每一个学生在未来都能绽放出属于自己的光彩!

(孔 欣)

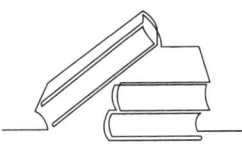

第四章
班会聚智：共绘协同育人同心圆

第一节　点亮心灯，感恩同行

一、活动目的

让学生意识到在他们成长过程中，有多少人付出了努力和关爱，从而学会感恩：感激父母、感激老师、感激朋友，感激周围的一切。

通过感恩教育，使学生们明白，人要有一颗善良的心，善待周围的人。在别人需要帮助时，给予无私的援手，因为只有付出才能有回报。

在和谐的学习氛围中，培养学生的感恩之心。

二、活动过程

亲爱的同学们，大家好！我们每个人都在爱的阳光中成长，被真情的雨露滋润。就像鲜花感恩阳光和雨露，苍鹰感恩长空，高山感恩大地，我们也要学会感恩父母、老师、朋友以及周围的一切。现在，让我们开始本次感恩教育主题班会。

让我们一起探讨，什么是感恩教育？请同学发表一下看法。

你们平时是如何对待身边的人的？身边的人又是如何对待你们的？

请谈谈你们对感激父母、感激老师、感激朋友以及感激周围一切的想法。（例如：感激父母赐予我们生命，感激老师传授知识，感激朋友在困难时支持我们，感激周围的环境为我们提供和谐成长的空间。）

（一）感恩父母

班长朗读：母爱如雨露般细腻，无论阴雨还是晴空，她始终如一；父爱如山川般宽广，包容一切。他们的爱在日常生活中体现，每一个微笑、每一次鼓励，都是他们对我们无私的关怀。

主持人：父母期待我们并不多，他们满足于我们的一声问候、一次搀扶、一个微笑或一句感谢。

学习委员朗读文章《给妈妈的一封信》。

主持人：让我们用心感受父母的爱，我们生活在爱的海洋中，拥有比星星还多的爱。

（二）感恩老师

主持人：敬爱的老师们，你们如十月的阳光般温暖，如校园中的雨露般滋润我们的心田。你们不仅传授知识，更是我们学习路上的引路人。请听诗朗诵：《谢谢您，老师》。

全班合唱：《我爱您，老师》。

主持人：你们为我们默默耕耘，无私奉献，你们教会我们如何成长，是我们前行的动力和力量。

（三）学生表达感恩的话语

第一，感恩我的父母，因为他们赐予了我宝贵的生命。第二，感恩我的父母，因为他们给了我健康和强壮的身体。第三，感恩我的老师，因为他们传授了我无穷的知识。第四，感恩我的老师，因为他们给了我前进的动力和方向。第五，感恩我的老师，因为他们开启了我通向世界的大门。

主持人：我们的成长离不开祖国、父母、老师以及身边的朋友和曾经帮助过我们的人们！让我们始终怀有感恩之心，感谢生活中的点滴。

（宫丽丽）

第二节　我是小小护旗手

一、活动目标

通过多种方式学习有关国旗知识，激发学生爱国情怀。
明确要求，懂得在日常学习、生活中，如何爱护国旗。
传承先锋精神，通过多种方式，为国旗增光添彩。

二、活动过程

（一）走近——国旗知识我知道

看视频，比一比，谁的记忆强。
花式快板，巧记国旗知识。
情景剧《狱中绣红旗》。
学生分享国旗的故事，见证祖国成长历程。
歌唱国旗，《红旗飘飘》在我心。

（二）守护——爱旗护旗我担当

学习《国旗法》知识。
讲述护旗故事。
联系日常，小组交流：我们应怎样守护国旗呢？

（三）拥抱——我为国旗添光彩

播放视频《走近周总理》，班主任讲《走近周总理》的感人故事。
学生交流共和国勋章获得者的事迹。
小组讨论：在日常生活中，应怎样为国旗添光彩呢？

（四）班主任总结

作为新时代的好少年，我们生长在五星红旗下，倍感幸福与自豪。传承先锋精神，更是使命在肩。课后继续以"我们都是护旗手"为主题开展活动，用生命去呵护她，用实际行动，为五星红旗添彩！

（孔庆龙）

第三节 读《论语》 践美德

一、班会主题

读《论语》,践美德。

二、班会目的

引导学生深入理解《论语》中的经典语句,汲取传统美德的智慧,增强对中华优秀传统文化的认同感和自豪感,将《论语》中的美德理念融入日常生活,培养学生良好的道德品质和行为习惯。

三、前期准备

教师提前收集与《论语》相关的图片、故事、视频等资料,制作成生动有趣的多媒体课件。

组织学生分组,每组推选一名组长,提前布置任务,让学生自主查阅《论语》资料,了解其中的经典语句和背后的故事。

准备一些与《论语》内容相关的小奖品,如书签、笔记本、传统文化书籍等,用于奖励在活动中表现优秀的学生。

四、班会流程

(一)导入

刚才我们观看的是 2008 年北京奥运会千人诵读的宏伟场面。(出示视频)

"有朋自远方来,不亦乐乎!"中国人民以中华传统文化的方式,热烈欢迎来自世界各地的宾朋。作为曲阜人,《论语》已经走进千家万户,我们是何等的骄傲和自豪。不得不说,《论语》在当下"全环境立德树人"的倡议中,占据着重要的位置,影响着一代又一代的人。今天,就让我们继续诵读《论语》,践行美德。(出示课题)(板书课题)

(二)闯关

同学们,马上到元旦了,我们班级准备为学校献上一份特殊的新年礼物——制作一个美德宣传小视频。首先在班里开展美德宣传员的招募活动,请看要求:

招募美德宣传员!

要求:闯过所有的关卡,就可以成功入选!

第一关:朗读关(出示第一关)

师:请同学们拿出自己的学习材料。(出示四句论语内容)

自己先试着读读,争取把字音读准,把句子读通顺,注意停顿。

同学们读得特别认真,现在请同学指读并正音。

同学们,读古文和读现在的课文可不一样,读古文,速度要放慢一些。(古人都是摇头晃脑的)

听听老师是怎么读的,自己学着老师的样子,再来读读。(教师范读)

哪个同学来试试?(出示四句论语内容)(开火车每人一句)

对,读得特别有韵味,就是这样,咱们一起来读读吧!(学生读)

同学们读得字正腔圆,注意了停顿,恭喜你们,第一关闯关成功!(出示闯关成功)

第二关:翻译关(出示第二关)

师:接下来,我们开始第二关的挑战——(知晓大意,学以致用)

先看看这四则论语都是关于什么的?然后借助资料上的注释和译文,说说你明白了什么?(挑选自己比较拿手的那一句,说说你的理解)(出示四句论语内容)

首先,学习第一则(美德在个人)。

点名学生说意思,先读第一则,再谈理解。

孔子说:"看见贤能的人就应该想着向他看齐;看到不贤的或是没有德行的人,就要反省自己有没有类似的错误、毛病。"

生活中哪些是贤和不贤的行为呢?(学生回答)

那我们看看视频中的小朋友做得对吗?(认真看)

刚才同学们的回答很精彩,能做到的同学一起读一遍。(齐读第一则)

其次,学习第二则(美德在学校)。

见贤思齐是一种美德,孔子对个人的自我修养要求也是很高的。(出示第二则)

点名学生读,然后说说自己的理解。

师:换成我们自己的话,就是说,我们每个同学都有自己远大的理想,这就是——(志于道);在校园内见到老师要问好,上下楼梯向靠右走,这就是——(据于德);同学之间应该互帮互助,学会宽容别人,这叫作——(依于仁);除了学习文化知识,还应做到"德智体美劳"全面发展,这叫——(游于艺)。

再次,学习第三则(美德在家庭)。

学生结合注释,讲讲这句话的意思。

有的同学看到这个句子,感到很熟悉,有点类似于哪里的句子?

师:对,是《弟子规》里的"弟子规,圣人训,首孝悌……"(全班齐背《弟子规》总序部分)

《弟子规》是根据《论语·学而篇》而编成的生活规范,主要是让孩子知道在家孝顺父母,与兄弟姐妹友好相处,目的是养成良好的行为习惯,主要偏重于家庭美德。

最后,学习第四则(美德在社会)。

第四则有点难度,看似离我们很远,其实又在我们身边。老师可以帮帮你!我们通过一段视频来认识一位宋代皇帝,请看大屏幕。

师:刚才在观看的过程中,我看好多同学都露出了惊讶的神情,可见宋仁宗的仁德已经深入你心。(出示第四则)

点名学生读第四则,说说意思。

师：四则《论语》的意思我们已经知晓，那带着刚才的理解再读一遍。齐读（出示四句话），这一次读的语气和节奏感就很自然了。

好，第二关的翻译关，恭喜大家全员通过！（出示闯关成功）

第三关：学以致用关（出示第三关）

师：下面我们开始进入第三关——学以致用关。

这一关的难度稍微加大了，设置了两个题型，同学们有没有信心？

生：有！

师：请看闯关要求（出示要求）

（1）判断题：要在一分钟内回答十道题，要求正确率百分之百。

（2）模拟情景：见贤思齐焉，见不贤而内自省也（小组来演一演）（准备时间是1分钟）

表演展示，他们表演的是……导演给大家讲讲你们表演的内容……

反应很快，表演也很到位，给他们鼓鼓掌！

师：同学们不仅理解了意思，还能应用到学习生活中，你们太棒了，为我们班同学点赞！

老师宣布：第三关的学以致用关，闯关成功！（出示闯关成功）

第四关：宣传关（出示第四关）

刚才同学们过五关斩六将，从个人、学校、家庭、社会四个层面学习了《论语》中的美德，相信你们对美德有了更深的理解。（出示四句论语）

师：作为一名小学生，我们见到贤能的人，应该向他看齐，做到……

生：见贤思齐，见不贤而内自省也。

师：作为少先人员的我们在校园里，讲文明、懂礼貌，我们应该做到……

生：志于道，据于德，依于仁，游于艺。

师：在家庭中，我们是爸爸妈妈的好孩子，我们更应该做到……

生：弟子入则孝，出则悌，谨而信，泛爱众，而亲仁，行有余力，则以学文。

师：作为统治者、管理者，要学会用道德的力量来治理国家，应该做到……

生：为政以德，譬如北辰，居其所而众星共之。

今天的最后一关，录制宣传视频，为学校献礼！（出示要求）

大家好，我是（班级、学校、家庭、社会）美德宣传员，作为（班级、学校、家庭、社会）的一员，我应该做到——

师：我们分成四个小组，每个小组的组长做记录，组员全力协助，开始吧！（每个小组一个座签）

生：不迟到，不早退，与同学友好相处，在校穿校服戴红领巾，见到老师要问好。如校园：不破坏花草树木，见到老师主动问好，课间文明游戏，弯腰是文明……家庭：做力所能及的家务，兄弟姐妹互相友爱，亲子共读……社会：关爱老人，为老人让座，爱护公共设施，清除小广告，不摘花……

组长代表上台展示，要大方自然、自信、声音洪亮。

同学们讲得太好了，美德宣传员的奖杯非你莫属！（出示图片奖杯）

师：同学们的这份礼物是最珍贵、最有代表性的，相信通过这个美德宣传小视频，我们可以让更多的学生做彬彬有礼的好少年！带着这份情谊，我们一齐配乐朗读这四则《论语》。（出示四则《论语》配乐）

给大家一分钟时间看看是否能够背诵下来！点名学生背诵。

（三）总结

同学们，《论语》中的美德还有很多，我们今天所学，只不过是其中的一小部分，希望同学们能在今后的诵读中，继续去体会孔子的"德"，大家争做美德好少年。

班会延伸：

组织学生开展"读《论语》，写心得"活动，让学生将自己在阅读《论语》过程中的感悟和体会写成文章，在班级内进行交流和分享。

在班级内设立"美德之星"评选制度，每周评选出在践行《论语》美德方面表现突出的学生，给予表扬和奖励，激励更多的学生积极践行美德。

开展"《论语》进家庭"活动,让学生把在学校学到的《论语》知识和美德理念带回家,与家长一起分享和交流,共同营造传承中华优秀传统文化的良好家庭氛围。

(邱 惠)

第四节　那些藏在岁月里的守护

一、班会主题

感恩有您，孝润我心——共话孝敬父母之道。

二、教学目的

认知层面：让学生深刻理解父母养育之恩的伟大与无私，清晰知晓孝敬父母的内涵与具体表现。

情感层面：激发学生对父母的感恩之情，使学生内心充满敬爱父母的深厚情感。

行为层面：引导学生将感恩与孝敬转化为日常行动，养成主动关心、孝敬父母的良好习惯。

三、班会准备

教师准备

收集与父母养育子女、子女孝敬父母相关的感人故事、图片、视频，如公益广告《妈妈的等待》、电影《漂亮妈妈》片段等。

设计"父母知多少"调查问卷，涵盖父母生日、喜好、日常辛苦之处等问题。

准备"感恩树"道具及彩色心形卡片，用于"感恩留言"环节。

准备角色扮演的情景卡片，如"妈妈生病了""爸爸工作一天回家很疲惫"等。

学生准备

提前完成"父母知多少"调查问卷。

部分学生排练与孝敬父母相关的小合唱《中华孝道》。

四、班会流程

（一）导入新课

播放歌曲《亲爱的爸爸妈妈》，同时在屏幕上展示温馨的亲子照片，营造温暖、感人的氛围，引导学生沉浸于对父母的情感之中。歌曲结束后，老师提问学生听完歌曲的感受，引发学生对父母的回忆与情感共鸣。

（二）感恩故事汇

老师讲述"暴走妈妈陈玉蓉"的真实故事：陈玉蓉的儿子患有先天性肝功能不全，为了给儿子捐献肝脏，患有重度脂肪肝的她每天暴走十公里，每餐只吃半个拳头大的饭团和水煮青菜。七个月后，她的鞋子走破了四双，脚上的老茧长了就剐，剐了又长，最终脂肪肝消失，成功为儿子捐献肝脏。

讲完故事后，邀请学生分享听完故事的感受，引导学生思考父母为子女付出的无私与伟大。

（三）小组讨论

展示一些日常生活场景图片，如父母早起做早餐、辅导作业、雨中送伞等。将学生分成小组，讨论以下问题：父母在日常生活中为自己做过哪些让自己感动的事？自己平时是如何对待父母的？有没有做得不好的地方？

每组推选一名代表进行发言，分享小组讨论的结果。

（四）知识问答竞赛

老师展示有关孝敬父母的名言警句、诗词、故事等题目，如"谁言寸草心，报得三春晖"出自哪位诗人之手；"黄香温席"的故事讲述了什么等。将学生分成若干小组进行抢答，答对得分，答错扣分。

竞赛结束后，对表现优秀的小组进行奖励，如颁发小书签、小笔记本等，同时强调题目中所蕴含的孝敬父母的道理。

（五）角色扮演（10分钟）

请几组学生上台抽取情景卡片，并进行角色扮演。表演结束后，邀请台下学生进行评价，说说他们觉得台上同学的做法是否正确，并思考如果你是情景中的主人公，你会怎么做。通过这种方式，让学生在模拟情境中进一步思考如何在实际生活中孝敬父母。

（六）感恩留言

给每位学生发放一张彩色心形卡片，让学生在卡片上写下想对父母说的感恩话语或自己今后孝敬父母的具体行动承诺。写好后，学生将卡片依次粘贴到"感恩树"上。

邀请几位学生上台朗读自己的留言，分享内心感受。

（七）总结

老师对本次班会进行总结，再次强调孝敬父母的重要性，鼓励学生将今天所学、所感转化为实际行动，从身边小事做起，用一生去孝敬父母。最后，全班一起合唱《感恩的心》，在歌声中结束本次班会。

五、班会延伸

布置课后小任务：一是请同学们回家为父母做一件力所能及的事，如给父母洗脚、为父母做饭、帮父母打扫卫生等，并写一篇心得体会。二是在班级文化墙设置"感恩父母"专栏，展示学生的心得体会、感恩留言以及为父母做事的照片，定期更新，营造持续的感恩教育氛围。

（徐鸿鹏）

第五节　学会担当，责任在肩

一、班会背景

（一）学情分析

小学高年级学生正处于人生成长的关键阶段，他们对自我和周围世界的认知逐渐深入。在这个时期，引导学生了解责任的含义，培养其承担责任的意识和能力，对他们未来的学习和生活有着重要意义，能为其奠定良好的基础。

（二）主题分析

本次班会主题为"学会担当　责任在肩"，旨在通过一系列活动，让学生深刻理解责任与做人的紧密联系，培养他们的责任感，提升综合素质。从小培养学生的责任意识，有助于他们从做好自己的分内事开始，逐步学会关爱他人、关心社会，树立正确的价值观，明白做人的道理。

二、班会目标

（一）认知目标

通过讲述真实感人的故事，引导学生明白高度责任感在个人成长和社会生活中的重要性，清晰分辨在不同场景下的责任。

（二）情感目标

激发学生对责任的认同感和敬畏感，使其内心产生主动承担责任的情感驱动力，愿意为自己的行为负责。

（三）行为目标

鼓励学生在日常生活和学习中积极主动地承担责任，从身边小事做起，逐步养成负责的行为习惯。

三、班会准备

收集与责任相关的故事、图片、视频等资料，如《华盛顿与樱桃树》《最美司机吴斌》等，并制作成生动有趣的PPT。

准备便签纸、彩色笔、小奖品。（如书签、笔记本等，用于奖励在活动中表现优秀的学生）

提前安排学生排练小品《值日风波》，内容围绕班级值日时出现的问题展开。

四、班会流程

（一）精彩导入（5分钟）

播放一段关于动物世界中动物父母照顾幼崽、承担养育责任的视频，如老鹰教小鹰飞翔、母狮子保护小狮子等画面。

播放结束后，提问学生："在刚才的视频中，你们看到动物们都在做什么？它们为什么要这么做？"引导学生思考并回答，从而引出本次班会的主题——责任。教师总结："动物们为了自己的孩子能够生存和成长，都在努力承担着自己的责任。在我们人类的生活中，责任也无处不在。今天，就让我们一起走进'学会担当，责任在肩'的主题班会。"

（二）故事启迪（10分钟）

运用PPT展示《华盛顿与樱桃树》的故事图文。故事讲述完后，向学生提问："华盛顿为什么要承认是自己砍倒了樱桃树？如果他不承认，会有什么后果？"组织学生进行小组讨论，每个小组推选一名代表发言。

接着讲述《最美司机吴斌》的真实事迹，播放相关视频资料。视频结束后，再次提问学生："吴斌叔叔在生命的最后时刻，为什么还能忍着剧痛完成一系列安全操作？他的行为体现了一种什么样的责任？"让学生自由发言，分享自己的感受和想法。

教师对学生的发言进行总结和点评，强调责任是一种对自己、对他人、对社会的担当，有责任感的人会赢得他人的尊重和信任，鼓励学生向故事中的人物学习，做一个有责任感的人。

（三）小品演绎（10分钟）

请提前排练好的学生上台表演小品《值日风波》。小品内容为：在一个班级里，轮到几位同学值日，其中一位同学觉得值日又累又脏，于是找借口偷懒，不认真打扫卫生，导致班级卫生不达标，受到了老师的批评。其他同学对此感到不满，大家发生了争吵。

小品表演结束后，邀请学生分析小品中每个角色的行为，提问："你认为小品中的同学谁做得对，谁做得不对？为什么？如果你是其中的一员，你会怎么做？"组织学生进行讨论，引导学生认识到在班级生活中，每个人都有做好值日的责任，逃避责任会给班级和他人带来不良影响。

（四）责任讨论（10分钟）

将学生分成小组，讨论以下问题：

第一，在学校里我们有哪些责任？（如遵守校规校纪、认真学习、爱护校园环境、关心同学等）

第二，在家庭中我们的责任又是什么？（如尊敬父母、帮助父母做力所能及的家务、好好学习不让父母操心等）

第三，在社会上我们应该承担哪些责任？（如遵守社会公德、爱护公共设施、文明礼貌等）

每个小组派代表进行发言，分享小组讨论的结果。教师对各小组的发言进行总结和补充，通过大屏幕展示整理后的内容，让学生对不同场景下的责任有更清晰的认识。

（五）制订计划（10分钟）

给每位学生发放一张便签纸和一支彩色笔，让学生思考自己在今后的学习和生活中，想要承担哪些具体的责任，并将其写在便签纸上。例如："我要每天按时完成作业，不抄袭，对自己的学习负责""我要每周帮妈妈打扫一次房间，做一个孝顺的孩子"等。

学生写完后，邀请几位同学上台分享自己写的内容。然后，将所有学生的便签纸收集起来，贴在教室后面的"责任树"海报上（提前准备好画有大树轮廓的海报），象征着每个学生都在为自己的责任努力，共同成长。

教师对学生的表现给予肯定和鼓励，提醒学生要牢记自己写下的责任，并努力去践行。

（六）总结升华（5分钟）

教师对本次班会进行总结："同学们，今天我们通过故事、小品、讨论等方式，一起学习了什么是责任，以及我们在不同的生活场景中应该承担哪些责任。责任是一种使命，是一种担当，它伴随着我们成长。希望大家在今后的日子里，能够时刻牢记'责任在肩'，从身边的小事做起，勇敢地承担起自己的责任，做一个有责任感的好孩子、好学生、好公民。"

全体学生起立，一起合唱歌曲《阳光总在风雨后》，在歌声中结束本次主题班会。

五、班会延伸

在班级中设立"责任小明星"评选制度，每周评选出在学习、生活中积极承担责任的学生，进行表扬和奖励，激励更多学生养成承担责任的好习惯。

开展"责任在行动"实践活动，组织学生走进社区，参与公益活动，如打扫街道卫生、关爱孤寡老人等，让学生在实践中进一步体会责任的意义，增强社会责任感。

（孔　振）

第六节　好家风伴我成长

一、背景分析

好的家风是孩子德育知行形成的基石。家庭长辈的言行举止对子女成长有着潜移默化的影响，多数时候是一种无言的身教示范。个人的修养与家庭文化，尤其是与其中的道德氛围具有直接的关系。孩子成长时，良好的家风和严谨的家教，会对孩子的品行塑造起关键作用，为以后的良好发展奠定基石；否则，孩子一旦养成放纵任性、娇生惯养等陋习，必将在其以后的发展中造成人生的诸多挫折和困境。如果家人之间相互关爱、体谅、包容、奉献等等，必然会形成良好的家庭文化和教育环境，对学生的成长产生积极影响。

家风如春雨，润物细无声。现在有些学生勤奋好学，有些学生偷懒涣散。因此让学生了解家风，传承家风，对孩子的成长有着潜移默化的作用。

二、设计理念

家风是我们不能忘记的中国优秀传统。家庭的生活方式、文化氛围构成了家风。顾名思义，家风就是一个家庭的风气、风格与风尚。著名法国作家罗曼·罗兰曾说过："生命不是一个可以孤立成长的个体。它一面成长，一面收集沿途的繁花茂叶。它又似一架灵敏的摄像机，沿途摄入所闻所见。每一分每一寸的日常小事，都是织造人格的纤维。环境中的每一个人的言行品格，都是融入成长过程的建材，使这个人的思想感情与行为受到感染，左右着这个人的生活态度。环境给一个人的影响，除了有形的模仿以外，更重要的是无形的塑造。"这足见家风的重要性。家风是一种无言的教育，它在潜移默化中影响着孩子的心灵，塑造孩子的人格。本课力图通过班会活动让孩子知道家风家训，传承家庭美德，建设文明的家庭文化，从而过渡到遵守班规校规，形成良好班风、校风，习得儒雅风范。

三、教育目标

让学生了解家风是什么，认识到良好的家风对于我们健康成长的重要意义。

通过不同的形式了解名人和自己家的家风，接受正能量的熏陶，养成积极向上的生活和学习习惯。

通过了解、铭记、传承家风的活动，让良好班风在同学中发扬传播，践行班级儒雅文化。

四、活动准备

多媒体课件，搜集名人家风故事、家长讲家风时录制的微视频和语音等。

五、活动对象

五年级的学生。

六、活动过程

（一）谈话导入，了解家风

一个被人们遗忘的词语逐渐回归公众视野，这个词就是——家风。什么是家风呢？哪位同学谈谈自己的理解。

班主任解读：家风，又称门风，指的是一个家庭或家族多年来形成的风气、风格和风尚，承载着一个家庭或家族的生活方式、生活态度、文化氛围、理念、价值观和人生观等，这些建构成一个家庭或家族的特色。

今天我们主题班会的内容是《好家风，伴我成长》。

（二）讲讲仁人志士的家风故事

深受我们爱戴的周总理的家风家规是怎么样的？（播放视频《周恩来的家风家规》）

青少年在良好家风的熏陶下，耳濡目染，按照良好家风的内容来塑造自己的行为，形成良好的人生习惯，成就美好的人生。周恩来爷爷之所以能成为受我们尊敬的总理，是因为他传承了良好的家风。你瞧，咱们班的故事大王也迫不及待地要给我们讲一讲《司马光诫子惜书》的故事了，他们家的家风是什么？请你仔细聆听。

我们班的小A同学讲故事声情并茂，司马光的家风非常的朴实、真切。古今中外，还有很多仁人志士都传承了好家风。同学们，你们能根据搜集到的资料举例吗？（学生发言）

感谢同学们的分享，这些仁人志士能够取得成功，与他们的好家风密不可分。是呀，"忠厚传家久，诗书济世长"。下面有请四位队员为大家表演精彩的《家风家训三句半》。

我们四人走上台，家风家训说起来，要做文明好孩子，快来！
优良传统很重要，希望同学都知道，哪些道理要记牢？听好！
孝顺父母最重要，长辈教导记心上，两个字儿常思量，感恩！
诚实守信是根本，不说谎话欺骗人，承诺一定要做到，算数！
尊重师长有礼貌，友善待人很重要，见面互相打招呼，您好！
书山有路勤为径，学海无涯苦作舟，一生坚持一件事，学习！
爱国爱家爱集体，和谐社会才融洽，就像水滴和大海，包容！
打铁须靠自身硬，自强自立加自律，谦虚谨慎要牢记，别得瑟！
维护正义要提倡，乐于助人人人夸，什么事情抢着干？好事儿！
遵纪守法须做到，规矩意识要强调，如果大家不自觉，乱套！
热爱劳动习惯好，讲究卫生要记牢，饭前便后干什么？洗手！
勤俭节约是美德，奢侈浪费不能要，来之不易好生活，珍惜！
家风家训数不清，各家都有各家经，要是你想上台讲，改天！

（三）晒晒我们的家风故事

好的家风家训，让一代又一代人健康成长，给儿女们无穷的正能量。接下来让我们进入"家长展示亮家风"环节。（播放班级家长事先录好的微视频和语音）

感谢家长们的讲述，让我们把热烈的掌声送给家长们。同学们，家长们亲切的神态、生动的语言，让我们不仅知晓自己的家风，对其他同学的家风也有了一定的了解。请围绕"我们该如何传承好家风"这一话题进行讨论。

小组内先交流，组内派代表展示交流。

通过同学们的交流，大家心中肯定记住了很多关于家风的词语。请写出能够表示家风的词语。（写在剪成爱心形状的卡纸上）写完后，粘贴在板书中的房子里。

进行活动：写关于家风的词语。小结：其实一个词、一句话、一个家里的故事都是家风的载体，好的家风可以让我们健康成长，快乐成才！

聆听学唱歌曲《家风》。

有一句话语：时常想起，老实做人，本分做事。
有一声叮咛：不曾忘记，孝悌忠信，礼义廉耻。
有一个故事：从小学习，铁棒磨针，贵在坚持。
有一种大爱：感动天地，精忠报国，岳母刺字。
讲忠诚，担责任，争贡献，建设美好的家园。
家风正，民风纯，政风清，中华文明代代传。
有一个声音：常在耳边，勤俭持家，身心康健。
有一句嘱托：藏在心田，尊老爱幼，心手相牵。
有一份思念：岁岁年年，他乡故乡，爱的祝愿。
有一种使命：默默无言，报效祖国，奋勇向前。
讲忠诚，担责任，争贡献，建设美好的家园。
家风正，民风纯，政风清，中华文明代代传。

（四）学家风，知班风

每个家庭都有自己的家风，我们班也是一个"大家庭"，这个"家"也有"家风"，那就是我们的班风：知书达理，文质彬彬。

针对这个班风，请同学们结合自己的实际情况说说你做得怎么样？我们应该怎么样我们要用自己的实际行动践行儒雅班风？

（五）班主任讲话

"家是最小国，国是千万家。"家庭、班级都是社会中的最小单位、小集体，你们就是小小传承者。通过这次主题班会，我衷心地希望同学们能认识到好家风、好班风对你们成长的帮助。也希望你们都能传承良好家风、班风，自觉实践社会主义核心价值观，促进自身的和谐发展。最后我想送给大家一句话共勉：天行健，君子以自强不息；地势坤，君子以厚德载物。谢谢大家！

七、板书设计

好家风，伴我成长

（孔　菁）

第七节　守护文化安全，凝聚兴国之魂

一、教材分析

本课主要阐述全民要依法履行维护国家的安全、荣誉和利益的义务。着重阐述维护国家安全、荣誉和利益的有关内容，并指出破坏国家安全、损坏国家荣誉和利益要负的法律责任。

文化安全包括文化主权、文化价值观、文化资源安全等方面，是确保一个民族、一个国家独立和尊严的重要精神支撑。我们正面临外部意识形态渗透、消极文化侵蚀、文化自信和向心力缺失等威胁。维护文化安全必须强化中华优秀传统文化、革命文化、社会主义先进文化教育。

二、教学目标

知识目标：了解维护国家安全、荣誉和利益的意义。

能力目标：提高学生对危害国家安全、荣誉和利益的言行的辨别能力。

价值观目标：明确法律规定履行维护国家的安全、荣誉和利益的法律责任；自觉履行维护国家的安全、荣誉和利益的义务；培养爱国情操，增强爱国主义和社会责任感。

三、教学重点与难点

教学重点：以实际行动维护国家的安全、荣誉和利益。

教学难点：学生树立自觉履行维护文化安全的义务观念，培养维护文化安全的责任意识，增强文化自信。

四、教学课时

1课时。

五、教学过程

（一）国家安全说

1. 国家安全大调查

为什么要学习这一内容，它有什么重要性？历史和现实都告诉我们，国家的安全、荣誉和利益是至高无上的，是每个国家公民必须履行的义务。常言道：以史为鉴，可以知兴替。同学们，你对于国家安全知道多少？

【小记者采访】

（1）国家安全日的时间？

（2）什么是国家安全？

（3）作为小学生，应该怎样保护国家安全呢？

2. 国安小记者说国家安全

2023年是全面贯彻落实党的二十大精神的开局之年，2023年4月15日是我国第八个全民国家安全教育日，主题为：贯彻总体国家安全观，增强全民国家安全意识和素养，夯实以新安全格局保障新发展格局的社会基础。

3. 习近平总书记说国家安全

【出示音频】坚持总体国家安全观。统筹发展和安全，增强忧患意识，做到居安思危，是我们党治国理政的一个重大原则。……必须坚持国家利益至上，以人民安全为宗旨，以政治安全为根本，统筹外部安全和内部安全、国土安全和国民安全、传统安全和非传统安全、自身安全和共同安全，完善国家安全制度体系，加强国家安全能力建设，坚决维护国家主权、安全、发展利益。

4. 总体国家安全观的重大战略意义

总体国家安全观是中国特色的重大国家安全战略思想，是推进国家安全体系现代化和国家安全能力现代化的根本指导思想。只有健全与总体国家安全观内容相匹配的现代化的国家安全体系,增强与总体国家安全观要求相适应的现代化的维护国家安全能力,才能更好地统筹发展和安全,不断提高国家的总体安全度。

5. 历次报告中"安全"和"国家安全"词汇出现的频次

年份	报告	安全	国家安全
2002	党的十六大	14	3
2007	党的十七大	23	5
2012	党的十八大	36	4
2017	党的十九大	56	18
2022	党的二十大	91	29

6. 国家安全教育日

2015年7月1日,全国人大常委会通过的《中华人民共和国国家安全法》第十四条规定,每年4月15日为"全民国家安全教育日"。

7. 总体国家安全观

什么是"总体国家安全观"?

国家安全涵盖领域十分广泛,重点领域主要包括政治、国土、军事、经济、文化、社会、科技、网络、生态、资源、核、海外利益、生物、太空、极地、深海等16个领域。

8. 传统安全和非传统安全的关系

传统安全,主要是指政治、国土、军事等领域的安全;非传统安全主要是指经济安全、文化安全、社会安全、科技安全、网络安全、生态安全、资源安全、核安全、海外利益安全、生物安全、太空安全、极地安全、深海安全。

维护国家安全,必须统筹传统安全和非传统安全。

9.《国家安全法》第77条规定内容

一是遵守宪法、法律法规关于国家安全的有关规定;二是及时报告危害国家安全活动的线索;三是如实提供所知悉的涉及危害国家安全活动的证据;四是为国家安全工作提供便利条件或者其他协助;五是向国家安全机关、公安机关和有关军事机关提供必要的支持和协助;六是保守所知悉的国家秘密;七是法律、行政法规规定的其他义务。

(二)实际行动铸安全

1. 作为小学生可以做些什么?

(1)面对邪教。

(2)文化传承与创新。

(3)互联网时代。

(4)维护资源安全。

(5)特别注意防间谍破坏。

(6)防疫常态化。

2. 发现可疑,采取什么举报手段?

可以拨打"12339"举报电话或登录国家安全机关举报受理平台报告有关情况,提供相关线索。

3. 国家安全关系你我他

维护国家安全是我们每个人的责任。

(三)活动总结,升华主题

少年兴则国兴,少年强则国强。我们作为新时代接班人,要坚定文化自信,讲好中国故事,传播中国声音,提升中华文化在世界的影响力。同学们,让我们立即行动起来,争做文化安全宣传者、中华文化传承人,为实现我们中华民族的伟大复兴而努力!

维护文化安全,你我共担当!

(于晓梅)

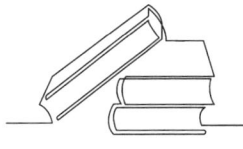

第五章

携手同行：筑梦儿童成长新蓝图

······

第一节　创意活动让孩子幸福成长

"妈妈，你看，有关创意活动的材料都快 30 张了！"孩子边数边开心地对我说。

"是呀！时间过得真快，不知不觉你们已经开展了 4 个创意活动了。"女儿历次创意活动的情景，至今仍然历历在目。

成长！这是一个多么熟悉和美妙的字眼。老师开展的创意活动，给我最大的感受就是孩子在活动中悄无声息地成长了。

每个孩子都是家长的掌上明珠，饭来张口、衣来伸手，可以说被照顾得无微不至。我的孩子也不例外，几乎没干过什么家务。自从开展了"我是小帮手"这个活动后，孩子就和以前判若两人，令人刮目相看。吃完饭主动帮忙洗碗，也会刷自己的鞋了，特别是自己的袜子，每次晚上洗完脚，不用说就会主动洗袜子。有一次晚上下着雨，我担心她出去倒水会滑倒，就说："下着雨别出去了，把袜子放在那儿吧，明天我帮你洗。"女儿却说："妈妈没事，我打着伞小心点儿，您放心吧！"最后孩子不仅把自己的袜子洗了，还把妹妹的也一块儿洗了。

两岁多的小女儿，也学着姐姐的样子洗袜子，一遍又一遍地打着肥皂。有时候我看着就想笑，那肥皂都比小女儿手都大，拿不牢掉到水里就会溅一身，那双小小手灵活自如地来回搓着袜子，我感觉孩子一下子长大了好几岁。

"我与蔬菜交朋友"这个创意活动可以说成功解决了女儿不吃青菜的毛病。以前每顿饭因为吃蔬菜的问题，我都要费许多口舌，却收效甚微，可愁坏了我这个当妈的。通过"我与蔬菜交朋友"这个创意活动，我让她跟着我去超市与蔬菜"亲密接触"，查找资料了解蔬菜的营养价值。她现在对蔬菜越来越感兴趣了，不仅爱吃蔬菜了，就连以前最不爱吃的甘蓝，现在也吃得津津有味呢！

创意活动怎一个"好"字了得！我的孩子在活动中受益匪浅：在活动中学会了做人，学会了生活，学会了劳动；活动使我们亲子关系更融洽了，彼此交流也有了更多的话题……作为家长我感到很欣慰，不管做得好或者是还有不足，只要孩子做了，他们在父母心中就是最棒的！

孩子的成长过程是多姿多彩的，在接受教育时成长，在知错时成长，在困难的磨砺下成长，生活就像一个五味瓶，酸、甜、苦、辣、咸样样具备。而我想告诉大家，我的孩子在创意活动中幸福成长，幸运的是我见证了孩子的成长！

第二节　心守一抹暖阳，静待一树花开

教育家雅思贝尔斯曾说过："教育意味着一棵树摇动另一棵树，一朵云推动另一朵云，一个灵魂唤醒另一个灵魂。"孩子是一张白纸，父母的使命就是在白纸上为孩子画上最重要的第一笔，剩下的就交给孩子在未来人生路上，慢慢描绘。父母是孩子最贴心的守护者，也是最佳的教育者。父母的陪伴，是影响孩子一生的教育，也是一个漫长的过程。而真正优质的陪伴不在于时间的长短，而在于陪伴的质量。作为家长，我们应当充分履行家长这个角色应承担的义务，积极参与孩子的成长教育。

用心陪伴。陪伴并不等于陪着。真正的陪伴是全身心的，我们需要放下手机，放下工作中以及生活中的所有事情，专注地、认真地陪孩子。我们能有效陪伴孩子的时间并不长，随着孩子逐渐长大，他们和我们的共同话题也会越来越少，不会像"跟屁虫"一样永远黏着我们。孩子的心是非常敏感的，我们假装陪伴孩子，孩子立马就能感受到。而当我们积极回应孩子情感需求时，会让孩子感受到自己被重视，被关注。孩子知道自己是重要的，自己的需求值得被看见。

我觉得现在做得最正确的事就是让女儿爱上了读书。她还在牙牙学语时，我就开始陪她认字，每天的游戏都和读书认字有关，在上小学前，女儿就已经和书结下了不解之缘。新华书店是她最喜欢的地方，在那里她会挑一本喜欢的书，席地而坐，一坐就是半天，现在她每天的业余时间多数都是与书为伴。

尊重的陪伴。陪伴孩子的同时，我们也要尊重包容孩子，不要一味打击和指责孩子。尊重和包容包括尊重孩子的兴趣爱好、决定和个性，包容孩子的缺点。不要把家长的喜恶强加在孩子身上，同时包容孩子的缺点，并加以

正确引导。在学习的过程中，家长进行引导是非常必要的，因为孩子不一定具有自主学习的能力，但是也应该适当尊重孩子的个性。不同的孩子有不同的习惯和资质，要因材施教。培养孩子养成良好的习惯并不意味着抹掉孩子的个性，让所有孩子都成为学习的机器人。我女儿的兴趣爱好是画画，我也曾想让她去学习舞蹈或书法等，但孩子自身并没有很大兴趣，后面我也只能尊重她的爱好，不过多地将个人意愿强加给孩子。

我们在跟孩子交流时，蹲下身子，跟孩子处在同一视线去交流。这是个看似很小的细节，却会让孩子觉得，你尊重他，重视他。尊重的陪伴，是和孩子做朋友，我们要放低姿态，互相尊重，彼此包容。

平常心的陪伴。每个孩子都是一粒种子，只是开花的时间不同。有的花一开始就灿烂绽放，有的花一开始就默默无闻，需要漫长的等待。我是一个普通的妈妈，没什么资源，没有太多的文化，不知道怎么教育孩子，我会多鼓励、多认可、多表扬、平时尽量不把自己的焦虑、恐惧、愤怒等情绪转移给孩子，我觉得这就是对孩子最好的教育。宽松和谐的家庭环境能为孩子提供丰富的营养，又可以帮助孩子消除疲劳、紧张和烦恼，增强他们前进的信心和勇气。不要让孩子背负精神负担迈入家门，否则久而久之，孩子就会变得缺乏热情，性格内向，感情脆弱，甚至会产生严重的心理障碍。

我们一定不要看别人的花怒放了，自己的花还没有动静就着急了。相信只要是花就都会有自己的花期，细心地呵护自己的花，默默耕耘，陪着他沐浴阳光风雨。

父母陪伴孩子的过程，就是给孩子做好榜样的过程。以身作则、言传身教，是我们能给孩子最好的教育。在陪伴孩子学习的过程中，我们应及时充电，不断进步，努力跟上孩子前进的步伐，做好孩子的引路人。

第三节　好习惯成就好人生

常言道："播下一个行动，收获一种习惯；播下一种习惯，收获一种性格；播下一种性格，收获一种命运。"这句话深刻地道出了习惯对于人生的重大意义。在孩子的成长道路上，习惯更是如影随形，发挥着不可估量的作用。对于五年级的孩子来说，正处在从儿童向少年过渡的关键时期，这个阶段培养良好习惯，对他们的未来发展有着决定性的影响。

习惯，作为一种自动化的行为模式，看似平凡无奇，却在我们生活的每一个角落发挥着深远影响。从个人的日常生活、学习与工作，到社会的运转、文化的传承，习惯无处不在。本文深入探讨习惯的重要性，通过分析习惯在个人成长、社会发展等多方面的作用，揭示习惯这一隐形力量如何塑造我们的人生，以期引起人们对习惯培养的重视，主动养成良好习惯，推动个人与社会的进步。

一、习惯影响学习成效

五年级的课程难度逐渐增加，知识体系也更加复杂，良好的学习习惯就会成为影响孩子学习成绩的关键因素。

预习习惯能让孩子在上课前就对新知识有初步的了解，找出自己的疑惑点，这样在课堂上就能更有针对性地听讲，提高学习效率。比如，我的孩子在预习数学时，会先通读教材，尝试做简单的例题，标记出不理解的地方。到了课堂上，老师讲到相关内容，他就能迅速跟上思路，理解得更加透彻。有数据显示，坚持预习的孩子在课堂上的吸收率比不预习的孩子高出30%。

复习习惯同样重要。课后及时复习能帮助孩子巩固所学知识，加深记忆。五年级的语文学习中，字词、古诗词、课文理解等内容繁多，如果不及时复习，就很容易遗忘。每天花一点时间复习当天学过的内容，每周进行一次小结，每月进行一次大复习，能让知识在孩子的脑海中扎根更深。像背诵古诗词，通过反复复习，孩子不仅能熟练背诵，还能深刻理解诗词的含义，在考试和日常运用中都能游刃有余。

专注的学习习惯也不可或缺。五年级的孩子面临更多的学习任务和外界干扰，能够专注学习的孩子，学习效果会远远超过注意力不集中的孩子。在写作业时，有的孩子一会儿玩橡皮，一会儿看窗外，一个小时的作业可能要拖两三个小时才能完成，而且错误百出；而专注的孩子能在规定时间内高效完成作业，准确率也更高。培养孩子专注的习惯，要为他们创造安静的学习环境，规定合理的学习时间，逐步提高他们的注意力集中程度。

二、习惯塑造生活品质

良好的生活习惯不仅关系到孩子的身体健康，还能培养他们的自律能力和生活自理能力，让他们受益终身。

规律作息是健康的基石。五年级的孩子正处在身体快速发育的阶段，充足的睡眠对他们至关重要。每天保证 9～10 个小时的睡眠时间，孩子会有更充沛的精力投入到学习和生活中。按时起床、睡觉，形成稳定的生物钟，有助于孩子身体各器官的正常发育。我的孩子以前喜欢熬夜看课外书，第二天早上总是起不来，上课也没精神。后来我们规定了睡觉时间，逐渐帮他养成了早睡早起的习惯，他的学习状态明显改善，身体也更健康了。

健康饮食也是良好生活习惯的重要方面。五年级的孩子往往对垃圾食品没有抵抗力，但是过多食用高热量、高脂肪、高糖分的食品（如薯片、可乐、炸鸡等），会影响孩子的身体健康，导致肥胖、营养不良等问题。培养孩子健康的饮食习惯，要让他们多吃蔬菜、水果、粗粮等富含纤维的食物，少吃垃圾食品。我们家会尽量在家做饭，让孩子参与食材的选择和烹饪过程，这样不仅能保证饮食健康，还能增进亲子关系。

保持个人卫生的习惯也不容忽视。勤洗手、勤洗澡、勤换衣服，不仅能让孩子保持干净整洁，还能预防疾病的传播。在学校里，孩子们接触的人多，保持个人卫生尤为重要。教会孩子正确的洗手方法，督促他们定期洗澡、换洗衣物，是每个家长的责任。

三、习惯决定社交成败

在五年级这个阶段，孩子的社交圈子逐渐扩大，良好的社交习惯能帮助他们建立良好的人际关系，增强自信心和社会适应能力。

礼貌待人是社交的基本准则。一个懂礼貌的孩子，会更容易赢得他人的喜爱和尊重。见到他人主动打招呼，使用礼貌用语，如"请""谢谢""对不起"等，尊重他人的意见和感受，这些看似微不足道的行为，却能让孩子在社交中如鱼得水。我的孩子在学校里，总是礼貌地对待老师和同学，同学们都很愿意和他一起玩，他也因此结交了很多好朋友。

分享合作的习惯能让孩子更好地融入集体。在学校的小组活动、社团活动中，分享和合作能力至关重要。学会分享自己的玩具、食物、知识，与同学合作完成任务，能培养孩子的团队精神和沟通能力。比如在班级的小组讨论中，鼓励孩子积极发言，分享自己的想法，同时倾听其他同学的意见，共同完成讨论任务，这样能让孩子在合作中学会尊重他人，提高自己的能力。

倾听理解的习惯也能让孩子在社交中更受欢迎。当别人说话时，认真倾听，不打断，试着理解对方的观点和感受，这是对他人的尊重，也能让孩子更好地与人交流。有些孩子在和同学交流时，总是急于表达自己，而不倾听别人的意见，这样很容易引起他人的反感。培养孩子倾听理解的习惯，能让他们的人际关系更加和谐。

四、习惯培养的方法与建议

既然习惯对孩子如此重要，那么我们家长应该如何帮助孩子培养良好习惯呢？

以身作则是最好的教育方法。孩子的模仿能力很强，家长的一言一行都在影响着孩子。如果我们自己都没有良好的习惯，又怎么能要求孩子养成呢？比如，我们希望孩子爱读书，自己就要经常拿起书本；我们希望孩子按时作息，自己就不能熬夜追剧。在我们家，每天晚上都会安排一段时间的亲子阅读，我和孩子一起坐在沙发上，各自看自己喜欢的书，在这样的氛围下，孩子自然而然地就养成了爱读书的习惯。

制定明确的规则和计划也很重要。和孩子一起制定学习、生活的规则和计划，让他们知道什么时间该做什么事情，做到有章可循。规则一旦制定，就要严格执行，不能轻易妥协。比如，规定孩子每天放学后先完成作业再玩游戏，刚开始孩子可能会不适应，但是只要我们坚持原则，时间长了，孩子就能养成自觉完成作业的习惯。

及时鼓励和肯定孩子。当孩子养成了良好习惯或者在习惯培养过程中取得进步时，我们要及时给予鼓励和肯定，让他们感受到自己的努力得到了认可。鼓励和肯定可以是一个微笑、一个拥抱、一句表扬的话，也可以是一个小奖励。这些正面的反馈能增强孩子的自信心和动力，让他们更愿意坚持下去。比如，孩子按时完成作业，我们可以说："宝贝，你今天按时完成作业，做得真棒，继续保持哦！"这样简单的一句话，就能让孩子感到开心和满足。

习惯，这一看似微不足道的行为模式，实则是塑造人生的隐形力量。它在个人成长、社会发展等方面都发挥着不可替代的重要作用。从影响个人的健康、学习和职业发展，到维护社会秩序、传承文化、推动创新，习惯贯穿于我们生活的方方面面。了解习惯的重要性以及习惯形成与改变的机制，有助于我们更加有意识地培养良好习惯，摒弃不良习惯。在个人层面，我们要注重从小培养良好的生活、学习和工作习惯，不断提升自我；在社会层面，要加强教育和宣传，引导人们养成良好的行为习惯，共同营造和谐、文明、进步的社会环境。让我们充分认识习惯的力量，积极塑造良好习惯，用习惯的力量成就更加美好的人生。

学习的道路如同在大海中航行，不会一直平静，反而充满了风浪。家长们扮演着每个孩子初始航行的舵手，但如果养成了良好的学习习惯，让孩子掌握了航行的技巧，就可以尽早把船舵交给孩子，让孩子们学会在风雨中寻找灯塔，这样才能在知识的海洋中任意遨游！

习惯的力量是巨大的，它能改变孩子的命运，影响他们的一生。作为五年级孩子的家长，我们肩负着培养孩子良好习惯的重任。让我们从学习、生活、社交等各个方面入手，帮助孩子养成良好习惯，为他们的未来奠定坚实的基础。相信在我们的共同努力下，孩子们一定能在良好习惯的陪伴下茁壮成长，走向美好的未来！

第四节　用心陪伴，让爱与成长同行

在陪伴孩子成长的过程中，我深刻体会到家庭教育的重要性与复杂性，这不仅是养育孩子的过程，更是家长自我成长、和孩子共同进步的旅程，我收获了不少宝贵心得。

一、爱与陪伴是基石

孩子的成长离不开父母的爱与陪伴。在孩子小的时候，不要错过亲子互动的时刻，家长和孩子一起读绘本、玩游戏，这些简单的活动会在孩子心里种下爱的种子。孩子长大些，学习任务多了起来，我仍每天抽空和他聊天，听他分享学校里发生的事。我发现，父母的认真倾听会让孩子更愿意和家长打开心扉，亲子关系也更亲密。这种亲密关系是家庭教育的基础，让孩子在爱里感受到安全感与父母的支持，他们会更有勇气探索世界。

二、言传身教，以身作则

孩子像一面镜子，会模仿家长的言行举止。所以我时刻注意自己的行为态度，做到诚实守信、尊老爱幼、积极帮助他人。答应孩子的事一定会做到，在公共场合也会遵守秩序。有一次我在小区捡垃圾，孩子看到后，也开始主动捡拾他脚下的废纸。这让我明白，家长的言传身教对孩子有重要的影响。想让孩子养成良好的习惯，自己得先做到。

三、尊重孩子的个性与选择

每个孩子都是独一无二的，有自己的兴趣和个性。我尊重孩子的差异，鼓励他发展自己的兴趣。孩子对绘画感兴趣,我就为他提供绘画工具和学习机会。在非原则问题上,我也给孩子自主选择权,比如孩子自己搭配、选择衣服,安排周末活动。这让孩子感受到被尊重,也能培养他的自主意识和责任感。尊重孩子的个性与选择,有助于他们找到自我、发挥潜力。

四、培养良好的习惯和品德

良好的习惯和优良的品德是孩子成长的重要基础。生活中,我注重培养孩子的自理能力,让他从穿衣、吃饭、整理书包这些小事做起,逐渐学会独立。同时,我也会通过讲故事和用生活事例引导孩子学会善良、宽容、分享。在学习上,我和孩子一起制定学习计划,帮他养成按时完成作业、主动学习的习惯。这些习惯和品德会伴随孩子一生,对其未来发展产生积极影响。

家庭教育充满挑战,需要家长不断学习、用心付出。父母和孩子共同成长,不断改进教育方法。我相信,只要给予孩子爱与陪伴,父母以身作则,尊重他们,可以更好地助力孩子健康成长。

第五节　父母要学会跟孩子好好说话

我之前有幸观看了《家庭教育系列讲座》小学专场的相关网络视频，是由心理专家林静博士主讲的《家长好好说话，孩子向阳生长——家庭教育中如何对儿童进行"长善陪伴"》专题讲座。通过林静老师的讲座"如何跟孩子好好说话"，我感触颇多，用正确的方式和孩子沟通，在当下的教育里是非常重要的。

首先，父母和孩子沟通的时候，要善于聆听孩子在说什么，想要表达什么意思，耐心地问他现在需要什么，如果有什么想要问他的，先绕个弯，不要一开始就直入主题，要引导孩子主动说出你要问的问题。假如彼此都出现了情绪的问题，那就先处理情绪，然后再去沟通内容，最后再去问他现在情况怎么样。家长面对孩子的时候记得态度温和一点，表情淡定一点，保持喜悦从容的心情，这样孩子会感到没那么的害怕。

其次，父母要多去认同孩子，比如可以多说，"那没关系""那很好啊""你说得很有道理""这个问题问得好"等话语。父母在家庭里面可以常说，"你真棒""谢谢你""对不起，我错了""我爱你""我相信你"等话语。其实这些话语都是爱的行为，通过语言表达我们对孩子的爱。孩子的行为，有很大程度是学习大人的所作所为，如果孩子比较喜欢谴责他人，是因为他平时受批评多；如果孩子胆小，是因为他经常被嘲笑；如果孩子喜欢与父母对抗，是因为父母总是强制他。那么我们是否先要思考一下自己的行为，是不是这样子的，孩子会因为我们而做出一些改变，这些改变可好可坏，因与果总是相连的，一切都是最好的安排。

如果孩子做错了事情，父母不要严厉地批评孩子，要学会换位思考，增加孩子对事情的参与感，比如孩子把牛奶弄洒了，父母可以这么说："来宝贝，找块抹布我们一起把它擦干净。"如果家长自己做出了一个决定，有家长会说："妈妈就这么决定了，你必须听我的！"如果这样子，孩子会产生反抗的心理，不妨这样跟他说："你觉得妈妈说的哪里不好，你告诉妈妈？"家长要用温柔的态度，跟孩子商议做出的决定。有些孩子比较吵，妈妈就说："你怎么老是吵吵闹闹的一点都不乖？"如果这样子说他，他会继续吵闹，不听你的话，可以尝试说："你可以静下来，和妈妈说怎么了吗？"在与孩子沟通的时候，我们换种语气，换个说法，会发现不一样的效果。

如果孩子长大了，父母可以尝试给孩子写信，或者拍一段视频给孩子，把自己想说的话告诉孩子，增加与孩子的亲密感。

在一个有爱的家庭里，家是温暖的港湾，在一个没有爱的家庭里，家就像一个牢笼，我们都不想被困在牢笼里面，孩子除了需要学习之外，身为家长的我们也需要学习怎么好好说话，用正确的方式与孩子沟通。

第六节 做陪伴型家长，为孩子成长助力

心理专家林静博士主要讲了陪伴对儿童健康成长的重要影响、家长在陪伴中的易入误区与危害、家长日常如何好好说话"长善"陪伴这三个方面的内容。这次讲座让我内心深处受到很大的震撼并且也学到了很多。

一、家庭教育，重如泰山

儿童教育是家庭和学校共同的责任，不能因为孩子上了学，而放松了家庭教育子女的责任。家庭教育要由父母共同承担，父母双方都不能放弃自己的责任，只有在父母共同承担教育责任，对子女的教育影响和谐互补的情况下，才有可能全方位发挥家庭的教育功能。

二、加强亲子陪伴，注重日常交流

家长的陪伴对孩子身心发展非常重要，但是平时由于家长工作忙，或者是个人的惰性，缺乏对孩子足够的陪伴，不能及时了解孩子的想法或者成长中的困惑，这是我们作为家长所欠缺的地方。我们以后要制定计划，每天给予孩子充足的陪伴时间，了解孩子所思所想，想办法去解决孩子的疑难困惑。

三、给孩子表扬和鼓励

父母看到孩子与众不同的长处和优点，看到他的一点点进步，要去肯定他，坚持鼓励他，耐心引导他，平等看待他，并以实际行动支持他，孩子就会把自己的优点发扬光大，这一点是很有必要的。

四、充分尊重孩子的天性

作为一年级的孩子，年龄比较小，天性好玩，在这方面就要保证孩子有充裕的时间去玩耍和放松，去做自己喜欢的事情。另外，孩子的好奇心强、想象力丰富，我们也要在陪伴孩子的时候注重对他们的好奇心和想象力的引导。

孩子的教育是父母最关心的问题，这次讲座使我受益良多，以后希望能继续学习，提升家长对孩子的陪伴质量，跟学校老师一起，为孩子们提供更温馨的成长环境。

第七节 做好自己，润泽孩子

我是两个孩子的妈妈，原来学习的专业是教育学和心理学，在两个孩子的成长过程中，我一直坚信，家庭教育在孩子的成长过程中起着不可替代的作用。

记得自己在生宝宝之前，我就买了《卡尔·威特的教育》和《哈佛女孩刘亦婷》等书籍。这主要是缘于我的教育背景，我记得学习心理学和教育学的时候，都提到一个人的成长是先天因素和后天环境共同作用的成果，后天环境又包括家庭和社会的环境。书中提到了卡尔·威特，他是一个先天不足的孩子，但是小卡尔的父母并没有放弃他，而是结合卡尔的自身特点制定了一套教育方法，小卡尔最后成了一个惊世天才。自此，家庭教育的重要性深深地印在了我的脑海里。

该专题讲座讲了父母对孩子的陪伴、对孩子好好说话、对孩子的管理等几个方面的重要作用。对于家庭教育，结合讲座、自身成长历程、自己孩子的成长，我有以下几点感想。

一是父母的陪伴在孩子出生后的前三年尤为重要。幼儿时期，通过父母的陪伴，孩子逐渐构建起对自己的认知，并且会产生一定的安全感。如果在孩子早期，家长把孩子完全交给老人照料，自己外出打工或是求学等，孩子会缺乏安全感。如果父母在孩子早期缺乏对孩子的陪伴，等孩子长大懂事后，父母的教育就不会被孩子接纳，因为孩子会觉得父母已经失去了教育他们的资格。父母对孩子的陪伴还必须是有质量的陪伴，不是在家里父母和孩子都拿着手机自顾自玩自己的，或是一起看电视，而是一种高质量有效的陪伴。孩子年幼的时候，父母可以和孩子一起游戏，等到孩子稍大一点，父母可以和孩子一起读书、做家务、参与劳动、进行体育锻炼等等。

二是家庭教育给予孩子的不仅仅是必要的知识，还有健全的性格和良好的家庭氛围。一个人一生的发展往往都和他的原生家庭有着密切的关系，所以，作为父母，要给孩子创造一种良好的家庭环境。这种家庭环境不是物质条件多优渥，而是指具体的精神内容，比如一种积极向上的态度、遇到困难不气馁的信心、待人待事宽容的做法、正确的世界观价值观等等。父母的言行举止将会直接折射在孩子身上。我们会发现孩子会越来越像父母，这一点我感触很深，因为自己会在工作比较忙或压力比较大的时候会急躁发脾气，自己在情绪失控下的表现被孩子学会了，我发觉孩子说话的语气越来越像我，自己都不喜欢自己的一些状态也在孩子身上表现出来。当我意识到这一点时，我就有意识地去控制自己的情绪，学会以正面、鼓励的语气和孩子讲话。

孩子是父母的一面镜子，孩子也是父母的最好作品，家长要想孩子身心健康、学有所成，必须先做好自己。

第八节 赋能·陪伴·成长

记得孩子刚出生时,我们作为父母的愿望只是期盼孩子能健康成长,而不是"能闻达于诸侯"。当孩子咿呀学语、蹒跚学步时,我是多么富有耐心、满眼都是怜爱;当孩子有一点点的进步时,我都迫不及待地发朋友圈"昭告天下";当孩子闯祸了打破碗杯时,我的关注点也是孩子有没有受到惊吓而不是其他。

不记得从什么时候开始,因为孩子写字不工整、知识接受程度慢,我变得焦虑不安,开始吼她,甚至在她写错笔画时,把作业夺过来一把撕得粉碎,还一脚把她心爱的玩具踢得远远的。她满脸恐惧地望着我,眼睛里好像写着"妈妈,你不再爱我了,我害怕",孩子用哭泣来表现她的情绪,我却变得更加烦躁,吼着让她不要哭,把她关到门外、关到漆黑的房间里。她更是凄厉地哭着、喊着,我生气地关上门离开,只留下她在房间里一边哭泣一边嘟囔着"妈妈,我写作业,你不要走,我害怕。"我和孩子这种相亲相爱的关系是从什么时候开始改变的呢?可能始于她幼儿园大班开始识字、始于孩子接触算术,我深恐自己的孩子落后于别的孩子,为什么别的孩子都会背诵那么多的唐诗宋词、数的分解可以算得滚瓜烂熟,简单的加减法张口就来,而自己曾经认为最优秀、最聪明的小宝却表现得这么平庸,甚至是拉胯。

学习了家长教育课后,我才意识到自己的言行举止已经对孩子造成了多么大的伤害,甚至可能导致孩子患上心理疾病。晚上我辗转反侧,一次次地问自己,自己的耐心哪里去了,我为什么会这么焦虑,曾经对孩子的期望不是健康成长吗?教育方法为什么走到死胡同?我一脚踹醒孩子的爸爸,告诉他孩子的成长和学习不能只有妈妈的付出,作为孩子的父亲在工作之余也要积极参与进来，营造良好的家庭氛围。在家时要控制自己的情绪，多和孩子互动，孩子的爸爸也进行了自我检讨。

　　孩子的教育需要正确的教育方法，良好的学习氛围和温馨的家庭环境，小学生现在主要是培养一个好的学习习惯，我们家长也要消除焦虑的情绪，更要避免把这种焦虑带给孩子。作为家长，后续我们要改进以前不良的教育方式，以牵蜗牛散步的心态，陪伴孩子的成长。

第九节　父母好好说话，孩子天天向上

懂得"好好说话"的父母，是孩子一生最大的福气。"好好说话"，只有4个字，看似简单，实则很难做到。11月24日晚上七点，我们收听了林静老师主讲的《家长好好说话，孩子向阳生长——家庭教育中如何对儿童进行"长善陪伴"》专题讲座，让我对这4个字有了更深刻的理解与体会，也让我对自己日常的言行举止进行了反思。

在讲座中，林老师引用了大量的事例，让我深刻认识到了语言暴力的危害，深切体会到好好说话，会说话的重要性。尤其是林老师介绍的一个实验："语言的能量到底有多大？"讲的是实验人员选择了两盆长得几乎一模一样的绿植，摆放在门口。其中一盆每天都接受孩子们的赞美，而另一盆每天接受的是孩子们的诅咒。30天过去了，那盆每天听到的都是赞美的绿植长得特别鲜活，而面对诅咒的那盆则日渐枯萎。原来语言竟有这么大的魔力，连植物都会受到它的影响，那对于人来说，其威力可想而知。

中国有句俗话："良言一句三冬暖，恶语伤人六月寒。"也是说语言的力量多么强大，我们不得不佩服古人的智慧，总结了这么多金玉良言。因此家长面对孩子时，一定要谨记，多用积极、善意的话语，抛开那些暴力、消极的话语。多给予孩子关爱，经常跟孩子说"我爱你"，少一些唠叨、少一些批判，让孩子感受到、看到父母对他们的爱。

不会说话是个大问题，没意识到自己不会说话，则是更大的问题。家长想把话说到孩子心里去，这个问题看似简单，其实做起来有点难度。说话也是一门艺术，没有不听话的孩子，只有不会说话和倾听的父母。孩子是上天给我们的恩赐，我们有机会成为照料他们的园丁，为他们浇水、锄草、施肥，将幼苗培育为茁壮的大树。对于孩子来说，父母对他们进行理智的、不

强迫的教育，孩子是很容易接受的，也会认真去改正自己的过失。掌控情绪，才能掌握未来，在教育孩子的问题上，也是一样的道理。家长要学会控制自己的情绪，认真坦诚地和孩子沟通，读懂孩子的心思，做孩子的知心朋友，让孩子主动做出改变。

父母说话的态度，决定着家庭日常的温度；父母说话的语气，暗藏着孩子今后的运气，父母越会好好说话，家庭就越和睦，孩子也会越幸福。好好说话，是做人最基本的修养，也是一个家庭最好的教育。一个家庭中，有会好好说话的父母，会让亲子感情常伴，让爱永存，这是孩子最大的幸福。

听了林静老师的讲座，"好好说话"这4个字我将铭记在心，时刻提醒自己：每个孩子都是独一无二的，都值得我们温柔以待。

第十节　注重沟通交流方式，助力孩子健康成长

　　父母作为孩子的第一任老师，父母的一言一行都在潜移默化中深刻地影响着孩子。我们要从小就让孩子树立独立的人格，关注孩子的心理健康发展。孩子虽然小，但却有着强烈的自尊心，大人的言行他们都看在眼里，记在心上，特别是家长在当着外人的面时不留情面地指责或是埋怨孩子，都会给孩子带来心灵上的伤害。通过收听林静老师的专题讲座，我还有几点体会：

　　孩子有一个良好的学习、生活习惯是非常必要的，良好的学习、生活习惯应该体现在生活的细节中。要有良好的习惯，首先要给孩子足够的自由，不能管得太严格，否则孩子在精神上就会有叛逆。我们要从孩子小的时候，让他们从小事做起，要仔细观察，及时发现孩子生活中的不良行为，加以纠正和引导。我们对孩子生活中良好的行为给予肯定和鼓励，使之成为习惯，让孩子在好习惯的陪伴下学习、生活。

　　做好与孩子的沟通。家长与孩子的沟通，要注意讲究科学方法：首先，父母要善于倾听。只有倾听孩子的心里话，知道孩子想什么，关注什么和需要什么，有针对性地给予孩子关心和帮助，才会使父母和孩子以后的沟通变得更加容易。孩子向我们诉说高兴的事情，我们应该表示高兴；孩子向我们诉说不高兴的事情，我们应该让他们尽情地宣泄，并表示同情和理解；当孩子诉说我们不感兴趣的话题，我们也应该耐心听，表示我们关注他们的谈话内容。这样，不仅使孩子更乐意向我们倾诉，也可以提高孩子的语言表达能力。其次，家长要学会和孩子做朋友。家长如果总是高高在上，就很难和孩子当知心朋友，也就谈不上真正的沟通。这就要求家长和孩子谈话时，要以孩子的心态和孩子能理解的语言进行沟通。再者，父母要有耐心，家长与孩

子之间的年龄、心理和思想等各方面都存在着巨大差异，理解孩子需要一个过程，如果过于急躁，那么亲子之间的有效沟通就会成为泡影。

　　通过聆听这次讲座，我受益匪浅，也让我深刻体会到了家庭教育的重要性。尤其在孩子性格的培养上，如果我们做得很不到位，控制孩子的行为，她每做一件事都要经过我们的同意才敢放心去做，就会严重地阻碍她思维的发展空间。再者就是我们如果脾气急躁，没有足够的耐心，不仅一次又一次对孩子恶言相向，甚至是动手打她，只有看到孩子那双无助委屈的眼神时，才会回过神来，她也只是一个孩子呀！心理专家林静博士说得真好：一朝为父母，终身为老师。所以，从此刻起、从自身做起、从每件小事做起，培养孩子有独立的人格，有良好的习惯，与孩子好好地交流，让她快乐、健康地成长。让孩子拥有一个能够治愈一生的童年，同时也要注意学习方法和学习习惯的培养，让孩子的心理、身体全面发展，成为一个对社会有用的人。

第十一节　陪伴成长，共筑未来

作为一名小学生家长，在参与了学校一系列家庭教育学习后，我收获颇丰，对如何教育孩子有了全新且深入的认识。

以前，我对孩子的学习过度关注，总是将成绩放在首位，却忽略了孩子内心的想法。通过一系列家庭教育学习，我深刻意识到，孩子的成长是多维度的，成绩只是其中一部分。培养孩子健全的人格、良好的品德和健康的心理，远比孩子的成绩更为重要。一个拥有积极乐观心态、懂得尊重他人、具备坚韧毅力的孩子，才能更好地面对未来生活中的各种挑战。

在学习过程中，我学到了许多实用的沟通技巧。比如，要学会倾听孩子的心声，给予他们充分表达自己想法的机会。以前，孩子和我分享学校趣事时，我可能会因为忙碌而敷衍回应他。现在，我会停下手中的事情，专注地看着他，用眼神和语言给予回应，让他感受到我对他的重视。当孩子遇到问题时，我不再直接给出解决方案，而是引导他自己思考，鼓励他尝试不同的方法去解决问题。这不仅培养了他的独立思考能力，还增强了他的自信心。

家庭氛围对孩子的成长有着深远影响。我开始注重营造一个温馨、和谐、民主的家庭环境。夫妻之间遇到分歧时，我们会尽量避开孩子，理性沟通，避免在孩子面前争吵。同时，我们鼓励孩子参与家庭决策，让他感受到自己是家庭的重要一员。比如周末家庭活动的选择，我们会听取孩子的意见，尊重他的想法。

同时，我也认识到，家长要以身作则。孩子就像一面镜子，会模仿家长的言行举止。如果家长自己沉迷于手机，却要求孩子认真读书，显然是不现实的。现在，我会尽量减少在孩子面前使用手机的时间，多看书、学习，为孩子树立一个爱学习的榜样。

通过这次家庭教育学习，我明白了家庭教育是一场漫长而温暖的修行。在这个过程中，家长需要不断学习、成长，用正确的方法引导孩子，用爱陪伴孩子。我相信，只要我们用心去做，就一定能为孩子创造一个美好的未来，让他们茁壮成长，成为对社会有用的人。

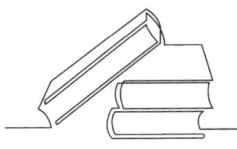

第六章
智联活动：开创健康成长进阶路

第一节 触摸法律温度：一场身临其境的法治之旅

2020年11月3日，石门山镇中心小学四年级的全体学生在孔校长及班主任的带领下，排着整齐的队伍去石门山派出所参观。此次参观的目的是对学生进行一次法制教育，以增进小学生对派出所警务工作的了解，提高他们的法律意识。

石门山派出所的领导高度重视此次活动，由周所长亲自组织安排。教导员给孩子们进行了全面的讲解，带领孩子们参观了户籍室、办案区、民警办公区等场所，让孩子们近距离地了解警务工作情况。

在办案区，孩子们先后参观了指挥室、询问室、候问室、信息采集室、辨认室、吸毒检测室等场所，观看了警棍、手铐、盾牌、审讯椅等警用装备。孩子们对审讯椅和候问室产生了浓厚的兴趣，一直追着民警们问个不停。

此次活动既是孩子们的一堂社会实践课，又是一堂别开生面的法制教育课，也让孩子们对警察这一职业有了较全面的认识和了解，懂得了公民知法、守法的重要性。

第二节　粽香里的家国印记：
　　　　端午文化沉浸式体验之旅

为深入推进全环境立德树人工作，传承和弘扬中华优秀传统文化，增进和培养学生爱国主义情感，曲阜师大附小开展"粽享端午　融情家国"端午节主题教育活动。

一、主题班会：知端午

各班召开主题班会活动，通过丰富的文字、图片、视频资料，让学生们了解端午节的由来和习俗，学习端午文化，增强学生的民族自豪感和对民俗文化的认同感。

二、讲故事：话端午

在充分了解端午节的由来及传统习俗的基础上，同学们以讲故事的形式，向大家讲述端午节的来历、习俗以及对伟大诗人屈原的崇敬之情，学生们都表达了继承和发扬中华优秀传统文化的决心。

三、缝香包：庆端午

劳动课上，陈国珍老师指导学生缝香包，一边穿针引线，一边互相探讨，缝香袋、装香草、穿红绳……一片片五彩布料，不一会儿就变成了各式各样漂亮的香包，学生不仅体会了我们的传统习俗，还同时锻炼了学生们的动手能力，以及培养了学生学会分享的优良品德。

四、画彩蛋：绘端午

彩蛋寓意着"平平安安"。同学们动脑动手，绘制出一个个色彩鲜艳、妙趣横生的吉祥彩蛋，并把彩蛋作为礼物送给父母。活动中，孩子们感受着祖国传统节日文化，享受着节日带来的快乐与温馨。

五、巧手刻纸：迎端午

社团课上，曲阜师大附小和曲阜师大剪纸协会联合举行了"弘扬传统文化 剪出浓情粽香"主题活动，协会工作人员向同学们介绍了剪纸刻画的相关知识。同学们自主选择喜爱的图案，并动手刻画。在刻画的过程中，同学们感受到了剪纸独特的艺术魅力，体会到了非遗文化的深刻内涵。

六、包粽子：品端午

家长、老师与孩子们齐包粽子，学生们亲身体验了包粽子的乐趣。同学们吃到美味可口的粽子，甜在嘴里，乐在心里。在学、做、玩的过程中，孩子们感受到节日的乐趣，体验到中华传统文化的魅力，进一步增强了孩子们的主动参与意识、动手能力和团结合作精神，促进和谐的亲子关系。

七、写感言：忆端午

活动结束后，同学们把自己参加活动的情况以日记的形式记录下来，感受节日的风俗与气氛。将实践活动与写作教学有机结合，让学生有感而发，有事可写，丰富学生们的写作素材，提高了学生们的写作水平。

本次活动，从中华传统节日的内涵入手，以劳动教育为抓手，通过丰富多彩的活动，引导学生感受中华传统文化的魅力，增强学生的文化自信，厚植爱国主义情感。

（颜景军　于晓梅）

第三节　小小少年砺红心，国防筑梦启征程

为积极响应国家关于加强少年儿童国防教育的号召，提高少年儿童思想政治建设，深入挖掘爱国主义精神内涵，赓续红色血脉，夯实少先队队员自律、自立、自强能力。2023年9月28日，曲阜师大附小五年级全体师生及家长走进曲阜福田生态农业园国防教育基地开展"童心系国防　共筑中国梦"爱国主义教育活动。

全体师生和家长穿上迷彩服，在国旗下进行宣誓。大家高举右拳，齐声宣誓："生在红旗下，长在春风里，人民有信仰，国家有力量！"誓言铿锵有力，展现了与会人员坚定的爱国情怀。

随后，学生和家长进行了丰富的拓展活动和体验项目：队列训练、投掷手榴弹、狙击枪射击、农耕体验、飞夺泸定桥、CS对抗赛……学生们在练习和较量中不仅磨炼了个人意志，而且还懂得了互相配合、互相支持、团队协作的重要性。

通过一系列的军事体验活动，激发了学生爱国主义热情，让爱国主义、国防教育根植于每一个学生心中。学生们在生活学习中践行"强国有我"的誓言，认真勤勉，踏实努力，争做担当民族复兴大任的时代新人！

（颜景军　于晓梅）

第四节　探寻净水奥秘，守护生态文明

为深入践行习近平生态文明思想，进一步提高少年儿童的生态环境保护意识，从小树立节约用水、节约能源的思想理念，让少年儿童认识到水资源的重要性。2024年5月26日，曲阜师大附小家委会联合曲阜师范大学生命科学学院"涓涓不止，创流不息"实践队，组织学生走进曲阜公用水务有限公司第一污水处理厂，开展"探寻净水奥秘，守护生态文明"环保实践活动。

第一站，我校邀请曲阜师范大学生命科学学院唐美珍教授到学校做污水知识专题讲座，激发学生的学习热情。小学生代表在实践队队员的陪同下来到第一污水处理厂进行了污水采样处理，记录污水的颜色、气味，观察污水中微生物种类与数量，为下一步开展实验研究奠定了良好基础。

第二站，我校学生深入厂区内部，第一污水处理厂经理袁斌讲解污水从收集、沉淀再到处理，继而排入河流的全过程。学生依次参观了粗格栅、提升泵、曝气沉沙池、细格栅、厌缺氧池、二沉池及消毒池等场地，收获了更加近距离的直观体验。学生们观看了"污水净化之旅"的动画宣传片，进一步提高了对污水处理原理的认识，增强了保护水资源的环保意识。

第三站，我校师生来到曲阜师范大学实验室运用显微镜观察污水和净化水的区别，了解水中的微生物的种类，认真撰写研学单，学生们的感想从污水处理过程到结合生活实际节约用水，字里行间都是满满的收获。

整个参观过程中，学生们亲眼见证了生活污水经层层处理由浊变清的全过程，更加详细地了解污水处理的科学原理、工艺流程。不仅丰富了他们的科学知识，更重要的是，让孩子们意识到节水、惜水的重要性，每个人都可以成为环境保护的小小使者。

这种寓教于乐的教育方式,在轻松愉快的氛围中使同学们轻松地掌握了生态环保知识,在潜移默化过程中将可持续发展的理念根植在中国新一代青少年的心中,实现了"读万卷书"和"行万里路"的双赢。

(颜景军　于晓梅)

第五节　家校携手前行，助力习惯养成

2024年10月，春秋小学积极开展"家长开放月"等一系列活动，旨在帮助一年级新生迅速适应小学生活，培养良好的学习习惯。此次活动得到了家长们的广泛支持与积极参与，在校园内营造出浓厚的教育氛围。

为了让一年级新生尽快适应小学的学习节奏，学校特意安排经验丰富的教师团队，为一年级新生精心设计了启蒙课程。课堂上，老师们耐心教导孩子们正确的坐姿、握笔姿势以及如何整理书包等基础技能。通过生动有趣的互动游戏，激发了孩子们对学习的兴趣，引导他们逐步养成专注听讲、积极回答问题的好习惯。

在培养学生学习习惯的过程中，学校深知家庭教育的重要性，因此积极搭建家校沟通桥梁。学校举办了多场针对一年级家长的教育讲座，邀请教育专家深入讲解一年级学生的心理特点与教育方法。同时，教师们利用线上交流平台实时分享学生在校的学习情况，为家长提供个性化的教育建议。家长们纷纷表示，通过这些活动，他们更加明确了自己在孩子教育过程中扮演的角色与需要承担的责任，也学到了许多实用的教育技巧。有家长兴奋地说："以前我总担心孩子不适应小学学习，现在有了学校的指导，我的心里踏实多了。"

此外，学校还组织了"良好习惯小标兵"评选活动，对在学习习惯养成方面表现突出的学生进行表彰。获得荣誉的学生在同学中起到了良好的示范作用，激励着更多同学积极养成良好的学习习惯。

孔校长表示："培养学生良好的学习习惯是一项长期而重要的任务，需要学校和家庭共同努力。我们希望通过这些活动，帮助一年级新生迈好小学学习的第一步，为他们未来的发展奠定坚实的基础。"

此次培养一年级新生良好学习习惯的活动，不仅让孩子们在轻松愉快的氛围中掌握了正确的学习方法，也进一步促进了家校之间的紧密合作。我们相信在学校和家庭的共同呵护下，一年级的孩子们定能在充满阳光与希望的校园中茁壮成长，养成受益终身的良好学习习惯。

（徐鸿鹏）

第六节　踏寻先贤足迹，传习传统美德

继去年班级"背《论语》，赢门票"活动之后，在家委会的周密组织下，4月11日，四（五）班开展了《论语》诵读第三阶段活动——"孔府孔庙"研学活动。

研学活动从神道路南首开始，沿着中轴线前行。学生姜尚樾爸爸首先介绍曲阜地名的由来，因在古鲁城中有阜，委曲长七、八里，故名曲阜。紧接着讲解三皇五帝和鲁国的历史。来到万仞宫墙前，姜尚樾爸爸引用子贡的话，介绍万仞宫墙的历史，表达对孔子的敬仰之情。

走进城门，来到金声玉振坊。姜尚樾爸爸按照九进三路建筑布局，介绍孔庙景点的历史故事及变迁。他引经据典，旁征博引，娓娓道来。金声玉振、风调雨顺、雕梁画栋、龙凤呈祥、五脊六兽、勾心斗角等一个个成语故事穿插在研学过程中。望着满院的松柏，孩子们的兴奋之情更是溢于言表，学生们比赛寻找最大的树，和它来一个大大的拥抱。姜尚樾爸爸还详细介绍了奎十三碑亭、奎文阁、杏坛、大成殿、诗礼堂等景点。

穿过半壁街，来到了天下第一家——孔府。孔府大门上有金字楹联"与国咸休安富尊荣公府第，同天并老文章道德圣人家"，出自清代才子纪晓岚。姜尚樾爸爸讲解了错别字"富""章"的典故。走进孔府，坐在门东侧的板凳上，他详细阐述了孔府历史变迁、"诗礼传家"家风家训。另外，还介绍了冷板凳、孔府官宅合一布局、贪照图等知识。伴随着夕阳余晖，全体学生排着整齐队伍，在颜庙广场集合，把自己的所感、所得与家人进行分享。

通过本次研学活动，学生近距离感受身边的优秀传统文化，学会先做人、后做事，以诚意之心，格物致知，立修身之德，达到知行合一，从而培

养他们的远大理想、宽广胸怀和对社会、对家庭的责任感。学生们通过本次研学活动也陶冶了情操，提高了心理承受能力，增强了快乐成长的正能量，为今后人生发展奠定坚实的人文道德基础。

（孔庆龙）

第七节　探秘电流密码，点亮节能未来

记得上小学一年级时，我们有篇课文写道："电灯、电话、电视机，有了电，真方便，电的用处说不完。"想想我小时候写作业，还常常是煤油灯、蜡烛，现在的学习条件早已发生了翻天覆地的变化。

小浩爸爸给四年级五班的同学们带来了精彩的讲座。他从电与生活、电的发现、电的来源、电的输送、电的储存、电的表达、电的用途、节约用电、电的危害、简单电路和智能制造等方面与学生们进行分享。这场讲座既有对电知识的专业介绍，也有与学生们的热情互动。其中一些专业术语给同学们留下深刻印象：电跑得有多快？你知道电是怎样来到我家的吗？电解液就像我们人类的血液一样……因时间关系，未能将电路和智能制造的相关专业知识充分展开。

讲座结束后，我和小浩爸爸交流："维浩爸爸，今天非常感谢您的精彩演讲。走进课堂，近距离接触孩子们，您有没有新的感触和体会？"

小浩爸爸答道："谢谢孔老师。回来路上与小浩一直在交流。不论听众是谁，只要站在讲台上，自己就有一种责任感。其次，今天的孩子们很想参与到课程中，他们积极踊跃，使我仿佛也回到了少年时代。最后一点感觉就是做老师太难了，做个好老师更难。只有站在孩子或者学生的角度思考他们的需求，才能完成一节内容充实、学生愿意听的课程。今天的感触，与在职场上的感触有很大不同。孩子们回答问题，有的学生的知识面宽得让我吃惊。教师是一门专业性很高的职业，也是大家都认可的高尚的事业。值得我们为之努力和奋斗！"

尽自己最大能力，给学生们尽可能多的知识启蒙。正如小浩爸爸课后所说："不论听众是谁，只要站在讲台上，自己就有一种责任感。"家长走进课堂，与学生交流，对教育工作有了全新的认识和体验，学生们也留下了美好的记忆。

（孔庆龙）

第八节　安全知识进课堂，家校同心护朝阳

在积极推进家校共育的大背景下，为提升小学生的交通安全意识，丰富他们的交通安全知识，我班精心组织了一场别开生面的家长进课堂活动，特别邀请了身为交警的学生家长走进校园，为同学们带来了一堂意义非凡的交通安全知识讲座。

活动伊始，交警家长播放了一段充满童趣的交通安全动画视频，一下子就抓住了同学们的目光，成功引起了大家的好奇心。紧接着，正式进入知识讲解环节。在介绍交通信号灯时，交警家长展示了大量不同类型信号灯的图片，耐心讲解每种信号灯的指示意义，并通过与学生们的提问互动，让同学们牢牢记住了信号灯规则。

在讲解车辆盲区时，为了让同学们有更直观的感受，交警家长拿出车辆模型，现场进行演示，清楚地指出车辆周围存在的危险区域。同学们看到那些平时容易忽视的盲区，都不禁发出惊叹，深刻认识到了其中隐藏的危险。

说到安全佩戴头盔，交警家长亲自示范头盔正确的佩戴方法，还邀请了几位同学上台体验，现场纠正错误的佩戴方式。同学们学得认真，参与的热情高涨。

为了让同学们更深刻地认识到不遵守交通规则的严重性，交警家长还分享了一些真实的交通事故案例。一个个惨痛的真实案例让同学们深受触动，同学们深刻明白了交通安全容不得半点马虎。

从活动效果来看，同学们收获颇丰。在后续的交通安全知识小测试中，学生们的正确率大幅提高，对交通信号灯、车辆盲区、安全佩戴头盔等知识有了全面且深入的了解。而且在后来的日常出行中，同学们的表现也有了明显变化，上下学的路上能自觉遵守交通规则，主动佩戴好头盔。

这次活动也极大地推动了家校共育的发展。家长走进课堂，发挥自身专业优势参与学校教育，增进了对学校教育理念和教学方式的了解，让家校之间的联系更加紧密。

同时，活动中也暴露出一些问题。比如时间把控不够精准，因为内容丰富，部分环节超时，导致互动环节有些仓促。另外，在互动环节中，有些性格内向的同学参与度不高。

针对这些问题，我们在今后的活动中要加以改进。下次活动前，我们会协调家长，更加合理地规划每个环节的时间，确保活动顺利进行。同时，我们会设计更多样化的互动形式，鼓励每一位同学都积极参与进来，让每个学生都能在活动中有所成长。

总体而言，这次家长进课堂活动成效显著，为家校共育书写了精彩篇章。未来，学校会继续邀请不同职业的家长走进校园，开展丰富多彩的活动，陪伴同学们茁壮成长。

（孔　振）

第九节　家访架起美好遇见的桥梁

教育是一场向美而行的遇见，家访则是这场美好遇见的桥梁。本学期，为进一步加强家校联系，促进学生健康成长，我校开展了一系列家访活动。

在家访前，教师会通过班级群提前告知家长，尊重每一位家长的时间安排，与家长们预约好家访的时间和地点，确保家访顺利进行。这样贴心的安排，不仅体现了学校对家长的尊重，也让家长能够提前做好准备，更有效地与老师沟通。

在家访过程中，老师与家长们进行了深入且真诚的交流。家长们热情地分享孩子在家的生活点滴，比如有的孩子在家主动承担家务，具有良好的生活习惯；有的孩子对某一领域兴趣浓厚，并展现出独特的专长。同时教师向家长详细反馈了孩子在学校的学习情况，包括课堂上的表现、作业完成的质量以及取得的进步和存在的不足等。

在谈到教育方法时，家长们纷纷说出了自己的困惑：像是不知如何培养孩子的学习习惯，怎样防止孩子沉迷电子产品等。教师结合专业知识和教育经验，为家长提供了实用建议。老师和家长你一言我一语，共同探讨最适合孩子的教育方式。

通过这次家访，老师和家长都收获颇丰。家长们对学校教育工作有了更深入的理解，也表示会更加积极地配合学校和老师，共同关注孩子的成长。而我们教师也对学生的家庭环境和成长背景有了更全面的认识，为今后更好地开展教育教学工作提供了有力支持。

家访是一场温暖的教育行走，拉近了家校之间的距离。未来，我们将继续秉持着关爱学生的初心，用心、用情开展家访活动，凝聚家校合力，为学生的成长保驾护航，让教育更具温度与力量。

（孔　振）

第十节　阅读点亮人生，携手筑梦未来

春光美如斯，正是读书时。4月20日，曲阜师大附属小学五年级学生到孔子研究院举办了"世界读书日"系列活动。

在"共读《论语》对话古今"经典诵读活动的现场，学生们手捧经典，声情并茂地诵读《论语》中的篇章，气氛庄重而热烈，学生们通过读经典浸润人生，颂国学传承文明。

在儒学文献收藏中心，同学们观看了由孔府皮影剧场带来的《贪壁传说》《蛙鹤龟》等皮影戏节目。孔子研究院助理研究员崔伟芳以"不学诗，无以言——品味《诗经》之志"为题做了专题讲座。崔伟芳以《诗经》里具有代表性的优美诗句为例，从风俗民情、自然万物和思想情感三个方面，带领同学们一起领略《诗经》里的文化之美、情感之美。

孔子研究院副院长、研究员刘续兵与孔府皮影剧场、曲阜市新华书店代表向曲阜师大附属小学赠送《孔子这样说》《走进孔子》《四大名著》等书籍。

最后，同学们参观了孔子学院总部体验基地。通过此次活动，同学们走出课堂、走近孔子，体验了一堂生动的国学课，学生们更深刻地了解中华优秀传统文化，增强了文化自信。

（于晓梅）

第十一节　戏曲进校园，国粹共传承

中华传统戏曲是我国艺术"殿堂"中的瑰宝。为进一步丰富校园生活，弘扬中华优秀传统文化，培养提升青少年学生对中华传统戏曲的兴趣。4月24日上午，由曲阜市文化和旅游局、曲阜市教育和体育局主办，曲阜轩昊演艺有限公司承办的曲阜市2024年"戏曲进校园"文艺演出活动走进曲阜市实验小学。

活动伊始，专业戏曲演员为孩子们带来了经典戏曲唱段表演。演员们精致的妆容、华丽的服饰、优美的唱腔以及一招一式中蕴含的独特韵味，瞬间吸引了全场师生和家长的目光。孩子们看得目不转睛，惊叹声此起彼伏。在表演过程中，演员们还邀请学生和家长上台，亲自指导他们学习戏曲的基本动作，如台步、手势、身段等。孩子们踊跃参与，家长们也积极配合，现场气氛热烈非凡。

在随后的戏曲知识讲座环节，戏曲专家详细地为大家讲解了戏曲的发展历史、剧种分类以及不同角色行当的特点等知识。孩子们和家长们一同认真聆听，不时提出问题，与专家互动交流。通过讲座，大家对戏曲这一传统艺术形式有了更深入的认识和理解。

此次戏曲进校园活动，让孩子们收获颇丰。在艺术层面，孩子们近距离接触戏曲，感受到了戏曲独特的艺术魅力，培养了他们对传统艺术的兴趣，提升了个人的艺术审美能力。不少学生表示，以前对戏曲了解甚少，通过这次活动，被戏曲深深吸引，想要进一步学习。在文化层面，孩子们深入了解了戏曲背后所承载的历史文化知识，增强了对中华优秀传统文化的认同感和自豪感，在他们幼小的心灵中种下了传承中华优秀传统文化的种子。

在活动过程中，家校协同育人的优势也得到了充分体现。家长们全程参与,与孩子们共同学习、共同体验。一方面,家长们能够更好地了解孩子在校园文化活动中的学习情况和表现,增进了亲子间的沟通与互动;另一方面,家长们自身也对戏曲文化有了新的认识,为在家中进一步引导孩子学习中华优秀传统文化奠定了基础。家长们纷纷表示,这样的活动非常有意义,希望学校以后能多举办。

张校长表示,此次戏曲进校园活动是学校推动传统文化教育、促进家校协同育人的重要举措之一。未来,学校将继续开展形式多样的文化活动,不断丰富学生的校园生活,让中华优秀传统文化在孩子们心中生根发芽、茁壮成长。同时也将进一步加强家校合作,凝聚教育合力,共同为孩子的全面发展创造良好的条件。

(邱 惠)

第十二节　爱心义卖传温暖，校园善举汇力量

2024年10月27日，曲阜市实验小学成功举办爱心义卖活动。学校选定操场、校园空地等开阔场地作为活动地点，同学们将自己闲置的书籍、玩具、手工艺品等物品带到学校，以班级或小组为单位设置摊位，进行爱心义卖。

操场上摊位林立，同学们纷纷拿出闲置物品，从书籍、文具到手工艺品，各类物品，琳琅满目。同学们精心布置摊位，热情推销，有的还会推出优惠活动。部分班级甚至还设置表演区，让学生展示才艺来吸引顾客，家长也会积极参与，协助孩子布置摊位、售卖商品等。

吆喝声、欢笑声交织，义卖活动进行得十分火爆。此次活动筹集的善款将全部用于帮扶贫困地区儿童。爱心义卖活动不仅培养了学生的爱心与社会责任感，还增强了学生们的团队协作和沟通能力。同时校园里洋溢着的温暖与正能量也彰显了我校师生关爱他人、奉献社会的精神风貌。

此次义卖活动，对学生而言，有助于培养他们的爱心与社会责任感，让他们从小就懂得关心他人、帮助有需要的人；能为学生提供一个实践的平台，让他们在活动中锻炼沟通能力、组织能力和理财能力等，提升学生的综合素质；还能增强学生的环保意识，让他们明白资源循环利用的重要性，学会珍惜物品。对学校而言，有利于学校营造良好的校园文化氛围，增强学校的凝聚力和向心力；丰富了学校的德育教育形式，使教育更加生动、具体，提高教育效果。对社会而言，能向社会传递正能量，带动更多人关注公益事业，促进社会的和谐与进步；有助于培养未来社会的公益人才，为社会公益事业的发展奠定基础。

通过爱心义卖，让学生体会到帮助他人带来的快乐，懂得关爱他人、奉

献社会，培养了他们乐于助人的品质；学会与不同的人交流，提高了学生们的表达能力、沟通技巧和人际交往能力，让他们变得更加自信和开朗；学生们共同策划、布置摊位、推销商品等，让他们明白了团队合作的重要性，增强了团队意识和协作能力。

在义卖过程中，家长积极参与活动的组织、筹备和现场协助，与孩子一起布置摊位、售卖商品，增进了亲子之间的互动与交流，拉近了亲子关系。家长和学校都希望通过爱心义卖活动，培养孩子们的爱心、责任感等良好品质，在教育理念上达成共识，形成教育合力。

（邱　惠）

第十三节　三孔研学之旅，传承千年文化

2024年6月1日，曲阜市实验小学组织学生前往曲阜三孔，开展研学活动。踏入孔庙、孔府、孔林，古建筑的庄严肃穆与历史气息扑面而来。在导游讲解下，同学们深入了解孔子的思想、生平及儒家文化精髓，开启了一场跨越时空的文化对话。

踏入孔庙，古木参天，庄严肃穆的建筑错落有致。在导游的生动讲解下，学生们仿佛穿越千年，看到了古代学子们虔诚求学的身影。他们认真聆听着孔子的生平事迹，深刻领悟到孔子"有教无类""因材施教"等教育理念的伟大。在杏坛，学生们围坐在一起，诵读经典，感受儒家经典的独特魅力与智慧。

孔府内，传统的建筑格局、精美的雕刻艺术，无不展现着其深厚的历史底蕴。学生们通过导游的讲解，了解到古代家族的生活模式和礼仪规范，体会到了儒家倡导的"礼"在日常生活中的重要性。从孔府的厅堂布置到孔氏家族的传承，每一处细节都让学生们对儒家文化所强调的秩序与和谐有了更直观的认识。

漫步孔林，学生们感受到历史的厚重。他们了解了孔子及其后裔的家族传承，对儒家文化的传承与延续有了更深刻的理解。在这片宁静的墓园中，学生们思考着生命的意义与价值，领悟到儒家所倡导的孝道与传承精神。

此次研学活动，学生们收获颇丰。他们不仅对儒家文化有了全面而深入的认识，更在心灵深处种下了传承和弘扬中华优秀传统文化的种子。在实践中，学生们锻炼了观察、思考和团队协作能力。学校相关负责人表示，未来将继续组织此类研学活动，让学生在文化的滋养中茁壮成长，为传承和弘扬中华优秀传统文化贡献力量。

（邱　惠）

第十四节　热血国防行，演练促成长

2024年11月6日，一场别开生面的国防军事演练在曲阜市实验小学热烈展开。此次活动融合真枪模拟演习，吸引了众多学生踊跃参与，家长们积极协同，全方位彰显了家校共育的强大力量。

国防军事演练活动在激昂的军乐声中拉开帷幕。专业教官团队展示他们过硬军事技能，标准的持枪姿势、精准的射击动作，瞬间点燃了学生们的热情。真枪模拟演习环节，特制模拟枪械高度还原真实触感与操作，学生们在教官指导下，小心翼翼地持枪，学习瞄准、射击。他们每一次扣动扳机，都伴随着紧张与兴奋，切实感受到了军事训练的严谨与挑战。

在战术动作教学中，学生们分组练习，低姿匍匐、跃进等动作学习得有模有样。学生们摔倒了立刻爬起继续练习，汗水浸湿衣衫却无人喊累。一旁的家长，有的协助教官维持秩序，有的为孩子加油鼓劲，家长们还不时分享自己的理解，拉近亲子距离，营造浓厚的学习氛围。

此次国防军事演练活动，学生们收获满满。在军事技能上，他们从最初的生疏到熟练掌握基本射击、战术动作，学生们不仅锻炼了身体，还培养了坚韧的意志。面对复杂的训练，他们学会克服困难，勇敢迎接挑战。

在国防意识层面，学生们深刻理解到国防的重要性。当他们手持模拟枪械时，意识到了自己肩负保家卫国的责任，民族自豪感与爱国情怀油然而生。

值得一提的是，家校协同在活动中发挥了关键作用。家长深度参与，增进了对孩子在校学习生活的了解，拉近了亲子关系。家长与学校目标一致，形成教育合力，让学生在家庭与学校的双重滋养下茁壮成长。

张校长表示："此次军事演练是学校国防教育重要一环，未来，学校将持续深化国防教育,创新形式,加强家校合作,为学生成长筑牢根基,培养肩负民族复兴重任的时代新人。"

在教官的专业指导下,孩子们认真学习持枪姿势、瞄准技巧,一招一式都学习得有模有样。模拟射击时,大家屏气凝神,专注扣动扳机,现场"枪声"阵阵,气氛紧张热烈。通过这次演练,学生们不仅增强了国防意识,还锻炼了意志品质,种下了保家卫国的梦想种子。

(邱 惠)

第十五节　祭奠革命英烈，传承红色精神

2024年4月3日，曲阜市实验小学师生怀着崇敬之情，前往九仙山烈士纪念园，开展祭扫英烈活动。众多学生与家长共同参与，在缅怀先烈的同时，实现了家校协同育人的良好效果。

活动当天，学生和家长们怀着崇敬的心情来到九仙山烈士陵园。在庄严的烈士纪念碑前，大家整齐肃立，向烈士敬献花篮，默哀致敬。有的家长认真地给孩子讲述着先烈们的英勇事迹，让孩子们更加深刻地了解到革命先辈们为了国家和民族的解放，不惜抛头颅、洒热血的伟大精神。

随后，学生们在家长的陪伴下参观了烈士纪念馆，馆内陈列的一件件革命文物、一幅幅珍贵图片、一封封感人书信……生动地展现了革命战争时期的艰苦岁月和先烈们的英雄壮举。学生们从中深刻认识到今天的幸福生活是无数先烈用生命和鲜血换来的，懂得了当今和平环境的来之不易，同学们表示会更加珍惜和平，热爱和平。

在祭扫过程中，学生们还积极参与了擦拭墓碑等活动，以实际行动表达了对先烈的敬意。在与家长的合作中，学生们学会了分工协作，增强了团队意识和责任感。

此次九仙山祭扫英烈活动，让学生们在思想上受到了深刻的洗礼。他们不仅深入了解了革命历史和英烈事迹，激发了强烈的爱国热情；更在与家长的互动中，增进了亲子关系，学会了感恩和担当。学校表示，未来将继续开展此类活动，与家长携手，为学生的成长和发展提供更丰富的教育资源和平台。

（邱　惠）

第十六节 探秘标本馆，点燃科学梦

每一次新奇的发现都可能成为开启科学之门的钥匙。为了满足孩子们对大自然的无限好奇，曲阜师范大学附属小学四年级二班的同学们踏上了一场别开生面的实践之旅——参观曲阜师范大学动物学标本馆。在这个充满好奇心与探索欲的年纪，让学生们与万千生灵的"对话"，点燃心中的科学梦想。

一、期待与憧憬交织

活动筹备阶段，班主任老师和家长们便开始精心策划：提前与曲阜师范大学动物学标本馆的工作人员沟通，确定参观时间和流程；同时，在班级里向同学们介绍即将参观的标本馆并展示一些标本图片，引发了同学们强烈的好奇心。同学们纷纷表示，对这次参观充满期待，迫不及待地想要亲眼看见那些神秘的动物标本。家长们也积极参与，为孩子们准备了笔记本和相机，鼓励他们记录下这次难忘的旅程。

二、震撼与惊叹的瞬间

同学们满怀期待地走进了曲阜师范大学动物学标本馆。一踏入馆内，同学们瞬间被眼前的景象所震撼。宽敞明亮的展厅里，形态各异的动物标本栩栩如生，仿佛将整个大自然的奇妙世界浓缩于此。从翱翔天际的雄鹰，到灵动可爱的松鼠等动物标本，它们都以最逼真的姿态呈现在同学们眼前。"哇，这只孔雀的羽毛好漂亮啊！""快看，那只老虎好像真的一样！"同学们的惊叹声此起彼伏，眼神中满是惊奇与兴奋。他们小心翼翼地靠近标本，仔细观察着每一个细节，感受着这些来自不同地域、不同生态环境的动物所散发的独特魅力。

三、知识与趣味的融合

为了让同学们更好地了解这些动物标本背后的故事，标本馆的专业讲解员老师早已等候多时。在讲解员老师的带领下，同学们开始了一场充满知识与趣味的探索之旅。讲解员老师首先向同学们介绍了标本制作的过程，从动物的采集、处理，到标本的定型、保存，每一个步骤都凝聚着科研人员的心血和智慧。同学们听得出神，不时发出感叹，对科研工作者的敬佩之情油然而生。随后，讲解员老师以生动有趣的方式，为同学们讲解了各种动物的生活习性、生态环境以及它们在自然界中的重要地位。在讲解鸟类标本时，老师引导学生观看一只猫头鹰标本，详细地介绍道："猫头鹰是夜行性猛禽，它们拥有出色的夜视能力和敏锐的听觉，能够在黑暗中准确地捕捉猎物。而且，猫头鹰的羽毛非常柔软，飞行时几乎没有声音，这让它们成为自然界中的'无声猎手'。"同学们听得津津有味，纷纷举手提问，与讲解员老师展开互动。

在哺乳动物展区，同学们被一只大熊猫标本所吸引。讲解员老师介绍说："大熊猫是我国的国宝，它们以竹子为主食，但其实它们的祖先是肉食动物。由于环境的变化，大熊猫逐渐适应了以竹子为食的生活。如今，大熊猫的生存面临着诸多挑战，我们每个人都应该为保护它们贡献自己的力量。"老师的讲解不仅让同学们了解了大熊猫的相关知识，更增强了他们保护大熊猫的意识。

四、互动体验：探索与发现的乐趣

在生态馆内，同学们近距离观察野生动物的生活场景，感受大自然的生机勃勃。有的同学兴奋地说："我好像真的看到了小鹿在河边喝水，真可爱！"这种身临其境的体验，让同学们对动物的生态环境有了更深刻的理解。他们争先恐后地向讲解员询问着动物的分类、习性、保护等多个方面的知识，学习热情高涨。

在参观过程中，同学们充分利用手中的笔记本和相机，记录下自己的所见所闻、所思所感。有的同学详细地描绘着标本的形态特征；有的同学写下了自己的参观感悟；还有的同学拍下了自己喜欢的动物标本的图片；有的同学分享自己的收获和体会。有位同学兴奋地说："这次参观让我学到了很多课本上学不到的知识，原来动物的世界这么奇妙！我以后要好好学习科学知识，探索更多的奥秘。"还有一位同学也感慨道："看到那些濒危动物的标本，我觉得很心疼。我们一定要保护好环境，让这些可爱的动物能够在大自然中快乐地生活。"

五、点燃科学梦想的火种

这次参观曲阜师范大学动物学标本馆的实践活动，不仅让同学们开阔了视野，增长了知识，更在他们心中播下了科学的种子，点燃了探索未知的梦想之火。通过与动物标本的近距离接触，同学们感受到了大自然的神奇与美丽，增强了对生命的敬畏之心和保护野生动物的责任感。同时，这次活动也激发了同学们对科学知识的浓厚兴趣，培养了他们的观察能力、探索精神和团队合作意识。这次标本馆探秘之旅，不仅是一次充满趣味的实践活动，更是一次意义非凡的科学启蒙之旅。相信在未来的日子里，这些怀揣着科学梦想的孩子们，将带着在这次活动中收获的知识和勇气，不断探索未知，追逐属于自己的科学之光，实现自己的科学梦想。

（颜景军）

参考文献

［1］刘能.家校共育下农村小学德育实践路径［J］.吉林教育，2024（13）：86-88.

［2］解洪涛，林婷婷.家校共育视野下小学劳动教育的探究与实施［J］.天津教育，2024（13）：24-25.

［3］张理刚."双减"背景下小学家校共育实践路径探索［J］.中小学班主任，2024（7）：50-52.

［4］沈建玲.基于微信互动平台的小学家校共育策略研究［J］.中国新通信，2024，26（7）：92-94.

［5］桑蕾.依托"双减"助推家校共育迭代升级［J］.河南教育（基教版），2024（4）：19-20.

［6］李荼.巧妙运用沟通艺术，彰显家校共育魅力［J］.新校园，2024（3）：72-73.

［7］志道草.小学班主任开展家校共育的策略研究［J］.知识文库，2024，40（5）：81-84.

［8］李星."双减"背景下家校共育模式探究［J］.甘肃教育研究，2023（10）：126-128.

［9］刘晓丹.初中数学教学中的家校共育模式［J］.学园，2023，16（27）：69-72.

［10］周丽，顾士卷.沟通艺术在小学班主任管理工作中的应用［J］.课程教育研究，2014（28）：169.

［11］张静.小学班主任班级管理中的沟通艺术［J］.中华少年，2015（19）：235.

［12］龚辉芳.小学语文阅读教学优化策略的研究［J］.科普童话，2023（9）：130-132.

［13］钟丽兰.多措并举优化小学语文阅读教学［J］.科普童话，2023（5）：139-141.

［14］唐雪梅.新课程背景下小学语文阅读教学优化策略［J］.学周刊，2022，4（4）：137-138.

［15］刘悦.初中班主任育人实践中的问题与对策研究：基于若干育人故事的分析［D］.大连：辽宁师范大学，2022.

［16］李镇西.做最好的老师［M］.桂林：漓江出版社，2014.

［17］苏霍姆林斯基.给教师的建议［M］.杜殿坤，编译.北京：教育科学出版社，2000

［18］王坦.合作学习的理念与实施［M］.北京：中国人事出版社，2002.

［19］J.皮亚杰等.发生认识论原理［M］.王宪钿，等译.北京：商务印书馆，1981.

［20］叶澜."新基础教育"探索性研究报告集［M］.上海：上海三联书店.2001

［21］王芳.用爱浇灌，静待花开：一个问题学生的转化育人故事［J］.教育观察，2024，13（12）：45-48.

［22］陈强.尊重差异：个性化育人故事分享［J］.中小学德育，2023（8）：23-26.

［23］李镇西.爱心与教育：李镇西教育手记［M］.成都：四川人民出版社，2022.

［24］肖川.教育的力量：教师如何积极做教育［M］.长沙：湖南教育出版社，2008.

［25］夏正保.利用本土资源,开展创意美术活动［J］.好家长,2024（33）:14-15.

［26］李煜林.创意赋能 行动引领:乡镇初中校家社协同育人微活动的校本探索［J］.中小学德育,2024（9）:24-26.

［27］杨阳,刘扬.开展创意实践活动,构建科学教育大课堂［J］.上海教育,2024（C2）:204.

［28］王晓璐.挖掘诗词资源,开展创意写作活动［J］.作文成功之路,2024（17）:56-58.

［29］魏书生.班主任工作漫谈［M］.桂林:漓江出版社,2020.

［30］万玮.班级管理的33个策略［J］.人民教育,2022（18）:36-39.

［31］丁如许.打造魅力班会课［M］.上海:华东师范大学出版社,2011.

［32］赵晓.小学班级自主管理模式的构建研究［D］.石家庄:河北师范大学,2021.

［33］王晓春.现代小学班级管理理论与实践［M］.北京:教育科学出版社,2015.

［34］李华,张明.家校合作促进学生全面发展的策略研究［J］.中国教育学刊,2018（3）,45-48.

［35］张丽梅.以爱为舟,领航成长:小学班主任育人方略探索［D］.上海:华东师范大学,2017.

［36］刘海燕.小学生心理健康教育活动设计与实施［M］.北京:人民教育出版社,2016.

［37］陈鹤琴.活教育理论与实践［M］.上海:华东师范大学出版社,2003.（经典教育理论引用,虽非直接相关,但可体现教育理念的传承）

［38］教育部.关于深化教育教学改革全面提高义务教育质量的意见［EB/OL］.https://www.gov.cn/zhengce/2019-07-08/content_5407361.htm.2019-07-08.

［39］J.皮亚杰,B.英海尔德.儿童心理学（吴福元译）［M］.北京:

商务印书馆，1981.

[40] 杨小微.新时代小学教育的挑战与应对[J].中国教育学刊，2020（10）：3-8.

[41] 龚明.科学研究中习惯的重要性[EB/OL].[2023-04-08]. https://blog.sciencenet.cn/blog-709494-1382889.html